JANVIER-MARS 2022
102e ANNÉE – N° 1

REVUE d'HISTOIRE et de PHILOSOPHIE RELIGIEUSES

Publiée par l'Association des Publications de la Faculté de Théologie Protestante de l'Université de Strasbourg en lien avec les Facultés de Théologie Protestante de Montpellier et de Paris
Fondée en 1921 par Antonin Causse
Directeur honoraire : Marc Philonenko

BUREAU

COMITÉ DE RÉDACTION ET DE LECTURE

POLITIQUE ÉDITORIALE

La Revue est ouverte à toutes les disciplines théologiques et à tous les courants de pensée, sans sectarisme. Elle est, certes, *Revue d'Histoire et de Philosophie Religieuses*, mais a pour vocation de couvrir tout le domaine théologique.

La Revue publie des articles de caractère scientifique en langue française. Ces articles, adressés au Rédacteur en chef, sont soumis au Comité de rédaction.

INDEXATION

La *Revue d'Histoire et de Philosophie Religieuses* est indexée dans : *ATLA Religion Data Base on CDRom ; BiBIL ; Biblica : Elenchus of Biblical Bibliography ; Ephemerides Theologicae Lovanienses ; Index to the Study of Religions Online ; Istina ; Periodicals ; Religious Index One ; Zeitschrift Inhaltdienst Theologie, Indices Theologici.*

Ses articles sont répertoriés et analysés dans : *Archiv für Reformationsgeschichte ; Francis ; International Review of Biblical Studies ; New Testament Abstracts ; Old Testament Abstracts ; Religious and Theological Abstracts ; Revue d'Histoire Ecclésiastique ; Zeitschrift für die Alttestamentliche Wissenschaft ; Zeitschrift für die Neutestamentliche Wissenschaft.*

Revue d'Histoire et de Philosophie Religieuses
Palais Universitaire
9 place de l'Université – BP 90020
67084 Strasbourg Cedex (France)

Site internet : https://www.rhpr.fr
E-mail : rhpr@unistra.fr
Tél. : +33 (0)3 68 85 68 35

CPPAP : 0922 G 86955

SOMMAIRE / *CONTENTS*

ETR

Études théologiques et religieuses
Revue trimestrielle fondée en 1926

Directeur de la publication : Guilhen ANTIER

Tome 96, 2021/3

Avec le soutien du CNL

CAIRN INFO CHERCHER, REPÉRER, AVANCER

Études théologiques et religieuses
13, rue Louis Perrier – 34000 Montpellier (France) – Tél. 04 67 06 45 76
www.revue-etr.org – www.cairn.info
Abonnements : administration@revue-etr.org :
France : 38 € – Étranger : 45 € – Institutions : 75 € – Prix de ce numéro : 20 €
Paiement par carte bancaire possible *via* www.revue-etr.org

LAUDATIO DU PROFESSEUR IRENE DINGEL

à l'occasion de son Doctorat *honoris causa*[1]

Matthieu Arnold
Université de Strasbourg –
Faculté de Théologie protestante
(UR 4378)

Faire l'éloge d'une théologienne luthérienne, rappeler ses mérites serait sans doute incongru si, en lien étroit avec l'œuvre écrite de cette savante, on ne trouvait pas un important texte doctrinal de la fin du XVIe siècle, qui affirme notamment : « Il est [...] hors de doute que les bonnes œuvres suivent la vraie foi si celle-ci n'est pas une foi morte, mais une foi vivante. » Et un peu plus loin : « Les bonnes œuvres sont les attestations de la présence [de l'Esprit de Dieu] et de son habitation en nous[2]. » Grâce à Jakob Andreae, me voilà donc autorisé et même encouragé à vous présenter l'œuvre d'Irene Dingel[3].

En sa personne, Irene Dingel réunit les qualités de ses deux maîtres Gustav Adolf Benrath (1931-2014) et Gottfried Seebass (1937-2008). Elle a hérité du premier l'amour d'une recherche personnelle approfondie, du second la capacité de promouvoir la recherche et de développer d'ambitieux projets collectifs.

*

*   *

1 Allocution prononcée lors de la cérémonie de remise du titre de Docteur *honoris causa* de l'Université de Strasbourg, le 17 novembre 2021.

2 *Formule de Concorde*, Epitomé, § IV (Birmelé – Lienhard, 1991, § 892, p. 429).

3 Pour une présentation plus complète de l'œuvre d'Irene Dingel que celle que nous pouvons faire dans le cadre restreint de cette *laudatio*, voir Kolb, 2021.

À titre personnel, Irene Dingel a apporté des contributions de premier plan à l'étude de Martin Luther. Elle a mis en valeur ses écrits, qu'elle a contribué à faire inscrire au patrimoine immatériel de l'UNESCO (« *Memory of the World*[4] »). Elle a co-dirigé le dictionnaire de référence sur la théologie du Réformateur[5]. Toutefois, ses recherches ne se sont pas limitées au fondateur du protestantisme : Irene Dingel fait partie des historiens qui ont mis en évidence que dès ses débuts, la Réformation fut multiforme[6], y compris au sein du cercle de Wittenberg[7]. Intitulée sobrement *Reformation*, sa synthèse de référence, qui prête attention aux dimensions institutionnelles et politiques de la Réformation, a pour sous-titre significatif : *Zentren – Akteure – Ereignisse (Centres, acteurs, événements)* ; ce maître ouvrage montre en particulier tout ce que la Réformation doit au Strasbourgeois Martin Bucer[8].

Depuis la monumentale thèse d'habilitation qu'elle a publiée en 1996 sur la réception de la *Formule de Concorde* et du *Livre de Concorde*[9], jamais Irene Dingel n'a cessé de s'intéresser à la postérité des idées réformatrices dans la *seconde* moitié du XVIe siècle. Elle a fondé et dirige le projet *« Controversia et Confessio »*, édition, en neuf forts volumes, des textes théologiques les plus importants de cette période[10].

Les recherches d'Irene Dingel réhabilitent la deuxième génération des Réformateurs, que l'on a trop souvent caricaturés comme un groupe de polémistes. Elles établissent également la continuité entre Réformation et Moyen Âge : ainsi, l'enracinement des controverses protestantes de la seconde moitié du XVIe siècle dans la pratique médiévale de la *disputatio*[11].

4 Voir Dingel – Jürgens, 2014, et http://www.unesco.org/new/en/communication-and-information/memory-of-the-world/register/full-list-of-registered-heritage/registered-heritage-page-2/documents-representing-the-beginning-and-the-early-development-of-the-reformation-initiated-by-martin-luther/#topPage (consulté le 8.12.2021).

5 Voir Kolb – Dingel – Batka, 2014.

6 Voir ainsi Dingel – Leppin, 2014.

7 Voir notamment Dingel, 2008 ; Dingel – Wartenberg, 2005 ; Dingel – Kohnle, 2011.

8 Dingel, 2016.

9 Dingel, 1996. Cet ouvrage de près de 800 pages a paru dans la prestigieuse collection *« Quellen und Forschungen zur Reformationsgeschichte »*, qu'Irene Dingel dirige à présent. Il n'est pas étonnant, compte tenu de sa longue fréquentation de ces textes, qu'Irene Dingel ait dirigé la nouvelle édition des *Confessions de foi de l'Église protestante luthérienne*, en y éditant personnellement la *Formule de concorde* (voir Dingel, 2014a).

10 Huit de ces neuf volumes ont déjà paru ; le dernier paraîtra en 2022. Voir https://www.ieg-mainz.de/forschungsprojekte/controversia-et-confessio (consulté le 8.12.2021).

11 Dingel, dans : Lies, 2021.

La production scientifique d'Irene Dingel couvre l'ensemble du XVIe siècle. Toutefois, elle dépasse largement le siècle de la Réformation. Nombre de ses publications portent sur le lien entre les Églises et l'intégration européenne, sur les diverses interprétations et visions de l'Europe ou encore sur l'impact contemporain de la Réformation dans un contexte européen[12].

Ses recherches vont même bien au-delà du christianisme européen. Alors que, depuis le 11 septembre 2001, les travaux sur les religions se focalisaient sur leur potentiel de conflit et de violence, Irene Dingel a rappelé en 2009 qu'elles promouvaient également la paix[13].

Les conflits religieux et leur régulation, tel est sans doute le principal fil conducteur des études menées par notre éminente collègue. Qu'il s'agisse de volumineuses monographies ou d'articles de revues, toutes sont des modèles de recherche historique : puisées aux sources les plus pures, rédigées dans un style limpide, elles sont toujours originales, claires et stimulantes.

*

* *

Depuis 2005, Irene Dingel dirige la section « Histoire religieuse de l'Occident » de l'Institut Leibniz d'histoire européenne *(Leibniz-Institut für Europäische Geschichte)* de Mayence. Institution originale fondée au lendemain de la Deuxième Guerre mondiale afin de contribuer à la réconciliation entre les peuples européens, elle ne relève pas de l'Université même si elle est dirigée par deux professeurs de la *Johannes Gutenberg Universität* de Mayence. Des boursiers de toute l'Europe, voire du monde entier, viennent y terminer leur thèse ou y mener à bien des projets postdoctoraux tout en vivant sous le même toit. De la sorte, ces jeunes gens de toutes nationalités apprennent à mieux se connaître tout en contribuant à une meilleure connaissance des fondements politiques, sociaux, religieux et culturels de l'Europe moderne. Qu'ils enseignent aujourd'hui à Cambridge, à Yale ou à Paris, on ne compte plus les universitaires qui ont passé par l'Institut et ont été enrichis par cette belle expérience humaine. À Mayence, les boursiers français sont accueillis à bras ouverts ; quelques Strasbourgeois ont saisi la chance

12 Voir notamment Dingel – Kusber – Morawiec, 2017 et 2020 ; Dingel – Duchhardt – Morawiec, 2012 ; Dingel – Linsemann, 2018.

13 Dingel – Tietz, 2009.

de pouvoir y rédiger leurs travaux. Depuis la nomination d'Irene Dingel, la section qu'elle dirige a accueilli près de 160 boursiers travaillant sur l'histoire religieuse. Aujourd'hui, c'est aussi l'Institut d'histoire européenne que l'Université de Strasbourg honore.

Avec les directeurs successifs de la section « Histoire universelle » – Heinz Duchhardt, puis Johannes Paulmann –, Irene Dingel a encouragé les évolutions nécessaires de l'Institut d'histoire européenne tout en restant fidèle à son esprit.

Elle a contribué à ce qu'en 2012, l'Institut intégrât le cercle de l'« Association Leibniz *(Leibniz Gemeinschaft)* », qui regroupe désormais une centaine d'instituts de haut niveau. Elle a élargi le spectre des recherches de la section « Histoire religieuse de l'Occident » en y intégrant des études portant sur les orthodoxies de l'Europe orientale, sur le judaïsme et sur l'islam. Elle a développé des programmes de recherche innovants, comme le programme *« Umgang mit Differenz in Europa »* (avec J. Paulmann) ; bien qu'ils puissent être liés aux préoccupations sociétales actuelles, ces projets mettent en œuvre une recherche historique rigoureuse qui se garde de tout anachronisme. Enfin, Irene Dingel a développé les ressources digitales ; on mentionnera, parmi ces dernières, le projet EuReD *(Europäische Religionsfrieden Digital)* ; il court depuis 2013 et consiste en l'édition de sources relatives aux paix religieuses des débuts de l'époque moderne[14].

Cet engagement remarquable au service de la direction de la recherche a valu à notre lauréate de recevoir en 2019, des mains du Ministre-président de la Rhénanie-Palatinat, la plus haute distinction de ce *Land*. Cet ordre du mérite est décerné avec parcimonie puisque le nombre des titulaires est strictement limité à 800. Membre – entre autres – de l'Académie des Sciences et de Littérature de Mayence depuis 2000, Irene Dingel préside actuellement le Conseil scientifique de l'Union des Académies d'Allemagne.

*

* *

14 Sur les paix religieuses, voir aussi Dingel – Paulmann – Schnettger – Wrede, 2018, p. 73-89, qui établit combien les paix religieuses du début de l'époque moderne ont constitué une étape décisive dans le développement de la compréhension moderne des relations entre la politique, la religion et le droit.

Avant de vouer ses recherches à l'histoire religieuse, Irene Dingel, qui est parfaitement francophone, avait consacré sa thèse de doctorat au développement du vocabulaire français[15]. Certaines de ses recherches ont porté sur Jean Calvin[16], sur Pierre Bayle[17] ou encore sur les débuts de l'église française de Francfort[18]. Aussi l'Université de Strasbourg honore-t-elle en sa personne à la fois une remarquable savante et une personnalité fortement attachée à la France.

Irene Dingel a effectué une partie de ses études à Paris, mais c'est Strasbourg qui occupe la première place dans son cœur. Elle entretient des liens anciens et étroits avec notre université par le biais de sa Faculté de théologie protestante. Dès 2006, alors qu'elle venait de prendre ses fonctions, elle conviait des Strasbourgeois au colloque organisé par l'Institut sur *Communication et transfert*[19]. L'année suivante, elle donnait à Strasbourg une conférence remarquée à l'occasion du 500e anniversaire de la naissance de Jean Sturm, grand pédagogue à l'origine de la création de notre université. Ont suivi bien d'autres échanges et même des colloques organisés en collaboration avec l'Institut[20]. Tout au long de ces années, la Faculté de théologie protestante a bénéficié des expertises d'Irene Dingel, de sa participation à des jurys de thèse ou encore de sa présence fidèle et active au sein du Comité de rédaction de la *Revue d'Histoire et de Philosophie religieuses*.

*

* *

Plusieurs essais d'Irene Dingel ont porté sur un type d'éloge fort éloigné de la *laudatio* qui nous réunit en cette heure dans un cadre joyeux et festif : les éloges funèbres[21]. Ces discours stéréotypés, a-t-elle démontré, ne disent pas grand-chose des défunts mais beaucoup des valeurs prisées par leurs auteurs. Même si elle

15 Dingel, 1987.
16 Dingel, Hahn-Bruckart, 2011.
17 Dingel, 2009.
18 Dingel, 2006.
19 Dingel – Schäufele, 2007.
20 Voir ainsi Arnold – Dingel, 2017.
21 Voir Dingel, 2014b. Au sein de l'Académie des Sciences et de Littérature de Mayence, Irene Dingel a dirigé la commission qui a supervisé l'édition des oraisons funèbres du début de l'époque moderne *(Leichenpredigten der frühen Neuzeit)*. Voir https://www.adwmainz.de/projekte/leichenpredigten-der-fruehen-neuzeit/informationen.html (consulté le 8.12.2021).

a tenté de respecter les règles du genre, nous espérons que la présente louange, marquée au coin d'un profond respect et d'une vive amitié, aura, quant à elle, permis de découvrir une universitaire dont les mérites scientifiques éminents sont rehaussés par de non moins grandes qualités humaines.

BIBLIOGRAPHIE

ALTROCK, Georg – DÜRINGER, Hermann – KRIEGSTEIN, Matthias von – WEINTZ, Karin (éd.), *Migration und Modernisierung. 450-jähriges Bestehen der Evangelischen Französisch-reformierten Gemeinde Frankfurt am Main*, Hanau, Haag + Herchen Verlag, coll. « Arnoldshainer Texte » 134, 2006.

ARNOLD, Matthieu – DINGEL Irene, *Predigt im Ersten Weltkrieg. La prédication durant la « Grande Guerre »*, Göttingen, Vandenhoeck & Ruprecht, coll. « Veröffentlichungen des Instituts für Europäische Geschichte [=VIEG] » 109, 2017.

BIRMELÉ, André – LIENHARD, Marc, *La foi des Églises Luthériennes. Confessions et Catéchismes*, Paris – Genève, Cerf – Labor et Fides, 1991 (3e éd., 2012).

DINGEL, Irene, *Beobachtungen zur Entwicklung des französischen Vokabulars*, Frankfurt a. Main, Peter Lang, coll. « Heidelberger Beiträge zur Romanistik » 21, 1987.

DINGEL, Irene, *Concordia controversa. Die öffentlichen Diskussionen um das lutherische Konkordienwerk am Ende des 16. Jahrhunderts*, Gütersloh, Gütersloher Verlagshaus, coll. « Quellen und Forschungen zur Reformationsgeschichte » 63, 1996.

DINGEL, Irene, « Entstehung der Evangelischen Französisch-reformierten Gemeinde Frankfurt. Theologische und ekklesiologische Aspekte », dans ALTROCK – DÜRINGER – KRIEGSTEIN – WEINTZ, 2006, p. 53-72.

DINGEL, Irene (éd.), *Nikolaus von Amsdorf (1483–1565) zwischen Reformation und Politik*, Leipzig, Evangelische Verlagsanstalt, coll. « Leucorea-Studien zur Geschichte der Reformation und der Lutherischen Orthodoxie » 9, 2008.

DINGEL, Irene, « Leibniz als Gegengift – Pierre Bayles Dictionnaire historique et critique im deutschsprachigen Raum », *Studia Leibnitiana* 41, 2009/2, p. 183-202.

DINGEL, Irene, (éd.), *Die Bekenntnisschriften der Evangelisch-Lutherischen Kirche*. Vollständige Neuedition, Vandenhoeck & Ruprecht, 2014.

DINGEL, Irene, « Religion et politique dans les éloges funèbres des souverains des XVIe et XVIIe siècles », *Revue d'Histoire et de Philosophie religieuses* 94, 2014, p. 137-161.

DINGEL, Irene, *Reformation. Zentren – Akteure – Ereignisse*, Göttingen, Vandenhoeck & Ruprecht, 2016.

DINGEL, Irene, « "... das Recht haben, bei Religion, Glauben, Kirchengebräuchen in Frieden zu bleiben". Religionsfrieden in der frühen Neuzeit », dans DINGEL – PAULMANN – SCHNETTGER – WREDE, 2018, p. 73-89.

DINGEL, Irene, *Vielfalt – Ordnung – Einheit. Kirchengeschichtliche Studien zur frühen Neuzeit aus des Jahren 1997 bis 2015*. Mit einem Vorwort von Robert KOLB. Herausgegeben von Henning P. JÜRGENS, Christopher VOIGT-GOY und Christian V. WITT, Göttingen, Vandenhoeck & Ruprecht, coll. « VIEG » 133, 2021.

DINGEL, Irene, « Von der mittelalterlichen Disputation zum reformatorischen Religionsgespräch. Neu organisiertes Streiten ? », dans LIES, 2021, p. 255-267.

DINGEL, Irene – DUCHHARDT, Heinz – MORAWIEC, Malgorzata (éd.), *Die europäische Integration und die Kirchen II : Denker und Querdenker*, Göttingen, Vandenhoeck & Ruprecht, coll. « VIEG » 93, 2012.

DINGEL, Irene – HAHN-BRUCKART, Thomas (éd.), *Calvin und Calvinismus. Europäische Perspektiven*, Göttingen, Vandenhoeck & Ruprecht, coll. « VIEG » 84, 2011.

DINGEL, Irene – KOHNLE, Armin (éd.), *Philipp Melanchthon. Lehrer Deutschlands, Reformator Europas*, Leipzig, Evangelische Verlagsanstalt, coll. « Leucorea-Studien zur Geschichte der Reformation und der Lutherischen Orthodoxie » 13, 2011.

DINGEL, Irene – KUSBER, Jan – MORAWIEC, Malgorzata (éd.), *Die europäische Integration und die Kirchen III : Personen und Kontexte*, coll. « VIEG » 115, 2017.

DINGEL, Irene – KUSBER, Jan – MORAWIEC, Malgorzata (éd.), *Die europäische Integration und die Kirchen IV : Versöhnung und Ökumene, Ethik und Recht*, Göttingen, Vandenhoeck & Ruprecht, coll. « VIEG » 131, 2020.

DINGEL, Irene – LEPPIN, Volker (éd.), *Das Reformatorenlexikon*, Darmstadt, Lambert Schneider, 2014.

DINGEL, Irene – LINSENMANN, Andreas (éd.), *Die Kirchen in den deutsch-französischen Beziehungen. Vom Alten Reich bis zur Gegenwart*, Göttingen, Vandenhoeck & Ruprecht, coll. « VIEG » 120, 2018.

DINGEL, Irene – PAULMANN, Johannes – SCHNETTGER, Matthias – WREDE, Martin (éd.), *Theatrum Belli – Theatrum Pacis. Konflikte und Konfliktregelungen im frühneuzeitlichen Europa*. Festschrift für Heinz Duchhardt zu seinem 75. Geburtstag, Göttingen, Vandenhoeck & Ruprecht, coll. « VIEG » 124, 2018.

DINGEL, Irene – SCHÄUFELE, Wolf-Friedrich (éd.), *Kommunikation und Transfer im Christentum der frühen Neuzeit*, Mainz, Philipp von Zabern, coll. « VIEG » 74, 2007.

DINGEL, Irene – TIETZ, Christiane (éd.), *Das Friedenspotenzial von Religion*, Göttingen, Vandenhoeck & Ruprecht, coll. « VIEG » 78, 2009.

DINGEL, Irene – WARTENBERG, Günther, *Georg Major (1502-1574). Ein Theologe der Wittenberger Reformation*, Leipzig, Evangelische Verlagsanstalt, coll. « Leucorea-Studien der Reformation und der Lutherischen Orthodoxie » 7, 2005.

KOLB, Robert, « Foreword » à DINGEL, 2021, p. 1-10.
KOLB, Robert – DINGEL, Irene – BATKA, L'ubomír (éd.), *The Oxford Handbook of Martin Luther's Theology*, Oxford, Oxford University Press, 2014.
LIES, Jan Martin (éd.), *Wahrheit – Geschwindigkeit – Pluralität. Chancen und Herausforderungen durch den Buchdruck im Zeitalter der Reformation*, Göttingen, Vandenhoeck & Ruprecht, coll. « VIEG » 132, 2021.

Positions luthériennes

Théologie - Histoire - Spiritualité

REVUE TRIMESTRIELLE
16, rue Chauchat – 75009 PARIS
C.C.P. 24253 43 Y Paris

Rédactrice en chef : Mme Madeleine WIEGER

Sommaire du n° 2021/3

ABONNEMENTS 2021

France (particuliers) .... 35 €
France (institutions) .... 42 €
Étranger (particuliers) .... 47 €
Étranger (institutions) .... 52 €
Abonnement de soutien........ 55 €
Prix de ce numéro : .....10 € – Franco : France 12 €, étranger 15 €

RÉPONSE À LA *LAUDATIO*

Irene Dingel
Leibniz-Institut für Europäische Geschichte – Mainz

Monsieur le Président,
Mesdames et Messieurs les Vice-présidents, Mesdames et Messieurs les Doyens,
Chers collègues, Mesdames et Messieurs,

Recevoir un doctorat *honoris causa* de l'Université de Strasbourg est un grand honneur pour moi, dont je suis très fière et infiniment heureuse. C'est pourquoi, au début de ma réponse, je tiens à exprimer mes remerciements les plus profonds. J'exprime ma gratitude avant tout au Président de l'Université, le professeur Michel Deneken, et à tous mes collègues de la Faculté de Théologie protestante. Je suis particulièrement reconnaissante au professeur Matthieu Arnold non seulement pour son magnifique éloge, qui m'honore plus que je ne le mérite, mais aussi pour son initiative, qui a conduit à ce grand honneur, et pour ses activités compétentes tout au long de ce processus de haut niveau.

La Faculté de Théologie protestante de l'Université de Strasbourg et tous ses collègues me sont devenus très proches sur le plan académique, même si mes études de la langue et de la littérature françaises, que j'ai menées parallèlement à celles de théologie protestante, ne m'ont pas tant conduite au début à Strasbourg qu'à Paris et à l'École Normale Supérieure. En ce temps-là, je n'étais pas sûre que mon parcours académique ne me conduise pas dans le domaine de la linguistique française. Mais ensuite, c'est la théologie protestante et l'histoire du christianisme qui m'ont fascinée beaucoup plus. C'est ainsi qu'un contact fructueux et durable s'est établi avec mes collègues de Strasbourg. Je me souviens très bien de mes toutes premières rencontres avec la Faculté de Théologie protestante lors d'un colloque qui avait lieu à Klingenthal, dans les Vosges. C'était dans les années 1990. À cette époque, j'étais encore assistante à la Faculté de Théologie de Heidelberg et j'étais fière de pouvoir participer à cette consultation avec la célèbre Faculté de Strasbourg. Ces contacts ont continué à être extrêmement fructueux, une coopération scientifique s'est développée et des amitiés en ont également résulté.

De ces rencontres académiques et d'autres semblables sont nées des impulsions importantes pour ce que je voudrais résumer dans ma réponse sous les termes clés « recherche, promotion et soutien des jeunes chercheurs et coopération ». La curiosité scientifique et la volonté de comprendre les structures du présent à partir des développements du passé ont influencé toutes mes recherches, que Matthieu Arnold a si bien caractérisées dans son éloge. Mais surtout, la question de savoir comment la religion en général et le christianisme en particulier ont marqué le patrimoine culturel de l'Europe a motivé et orienté mes préoccupations scientifiques. En effet, nous trouvons encore aujourd'hui des traces de cet héritage dans les sociétés européennes. Mes recherches sur la Réformation du XVIe siècle, qui avait un centre important non seulement à Wittenberg mais aussi à Strasbourg, montrent à quel point il était nécessaire, au début de la période moderne, d'apprendre à accepter une pluralité de croyances émergentes et grandissante, et à vivre avec cette pluralité. Tous ces courants prétendaient être seuls en possession de la vérité religieuse. L'un de mes axes de recherche porte donc sur la culture de la controverse au XVIe siècle. Car c'est ici que l'on peut retracer les mécanismes qui ont conduit à la formation des confessions modernes, dont les influences culturelles se font encore ressentir aujourd'hui. Le projet de recherche *« Controversia & Confessio »*, projet à long terme qui se poursuivra encore jusqu'à la fin de 2023 (http://www.controversia-et-confessio.de/), est issu de cet intérêt porté à la culture de la controverse. Mes recherches portent également sur les divers règlements de paix de religion *(Religionsfrieden)* qui ont été conclus en Europe dès les XVe et XVIe siècles. Les paix de religion ont, pour la première fois, rendu possible une coexistence confessionnelle juridiquement garantie, bien que dans un premier temps avec des restrictions. Mais ils ont en même temps établi des bases importantes pour une tolérance religieuse en Europe. Cet axe de recherche a également donné naissance à un projet d'édition qui intègre quant à lui une forte dimension numérique (https://eured.de/). Le projet est prévu pour une durée d'environ 20 ans, de sorte qu'un soutien efficace des jeunes chercheurs peut également avoir lieu dans ce contexte. Ces dernières années, la question de la coexistence confessionnelle et de la tolérance religieuse m'a occupé de manière croissante. C'est là également un point central de mes recherches sur le début du siècle des Lumières en France. Et au fond, cette question se retrouve aussi dans le thème d'un collège doctoral que j'ai pu initier et diriger il y a quelques années avec Heinz Duchhardt, mon collègue et co-directeur de l'Institut d'Histoire Européenne. Ici, l'accent a été mis sur le positionnement des Églises chrétiennes face au défi de l'« Europe », sur les discussions relatives aux normes et aux valeurs et sur les questions d'éthique sociale. Au cours d'une période de neuf ans, nous avons pu nous concentrer sur ce sujet avec vingt-cinq jeunes doctorants. De tels projets et d'autres projets de même envergure ne peuvent être gérés qu'en collaboration avec d'autres chercheurs. Le progrès et les résultats d'une telle recherche reposent toujours sur les échanges entre experts. Pour ma part, j'ai toujours considéré le travail en équipe et la coopération comme particulièrement stimulants et enrichissants. Une recherche scientifique dépassant les frontières, tant interdisciplinaire qu'internationale, constitue donc l'une de mes grandes préoccupations, tout comme la diffusion de ses résultats à un large public. Le travail scientifique doit trouver et suivre des voies permettant aux non-spécialistes d'y participer effectivement.

Un autre terme clé qui caractérise avant tout les seize dernières années de ma direction à l'Institut Leibniz d'histoire européenne est « gestion et organisation de la recherche ». C'est là aussi un grand défi que de définir et de modeler le contenu de programmes qui soient pertinents pour la recherche et pour analyser et comprendre notre histoire européenne commune. Les connexions interdisciplinaires y jouent également un rôle majeur. Un institut de recherche indépendant de l'université tel que l'Institut d'Histoire Européenne de Mayence est un lieu extrêmement approprié pour cela. Par ailleurs, sa fondation en 1950 est le résultat d'une initiative franco-allemande – Matthieu Arnold l'a déjà mentionné – qui a contribué à orienter l'un des départements de l'Institut vers l'histoire religieuse. En tant que l'une des deux directeurs de l'Institut, mon but a toujours été de faciliter la recherche, d'intégrer les idées fraîches et novatrices des jeunes intellectuels, de leur permettre de rédiger des travaux qui les qualifient pour des postes à l'université et de favoriser l'excellence de la recherche. Avec un grand enthousiasme pour cette cause, j'ai essayé de réaliser cet objectif de manière efficace. Ainsi, au cours des presque deux dernières décennies, j'ai pu réunir autour de moi une « famille » internationale de jeunes collaborateurs et collaboratrices, chercheurs à l'Institut. Ces jeunes gens venaient non seulement de l'Allemagne, mais aussi de la Lituanie, du Belarus, de la Roumanie, de la Pologne, de la Croatie, de l'Italie, des Pays-Bas et de la Belgique. Parmi les boursiers de notre Institut figuraient, bien sûr, aussi des Français et des Anglais ainsi que de jeunes gens venant d'Amérique, d'Afrique et d'Asie. Nombre d'entre eux ont obtenu par la suite des postes éminents dans des universités et des institutions scientifiques et sont ainsi devenus des ambassadeurs et ambassadrices de la culture intellectuelle qui règne à l'Institut d'Histoire Européenne de Mayence. Je suis très fière et reconnaissante d'avoir pu y contribuer au cours de mon mandat de directrice, qui s'achèvera l'année prochaine. J'espère qu'à l'avenir, l'Institut conservera et cultivera ce dynamisme et ce rayonnement. Pour y parvenir, il est important de trouver un bon équilibre entre l'organisation de la recherche collective et la réalisation de sa propre recherche individuelle, de promouvoir l'internationalité et l'interdisciplinarité, de soutenir l'excellence de la recherche et d'aider les jeunes chercheurs à trouver leur place dans le monde académique.

Sur ce point, je voudrais conclure ma brève réponse et revenir sur les remerciements. Le doctorat *honoris causa* de l'Université de Strasbourg représente pour moi bien plus que la reconnaissance de mes réalisations dans le domaine scientifique et académique. Il a également une grande valeur émotionnelle pour moi. Car il fait resurgir en moi un sentiment qui en réalité m'accompagne depuis ma jeunesse : mon grand amour pour la France, pour la culture française et sa langue.

WOLFARIA D'EBERLIN VON GÜNZBURG, PREMIÈRE UTOPIE PROTESTANTE ?

Les *X*^e^ et *XI*^e^ *Confédérés*

Traduction par Théophile MALLO
et Annemarie LIENHARD
Introduction et notes par
Marc LIENHARD

INTRODUCTION

Tout au long du XVe siècle et au début du XVIe, de multiples critiques se font entendre dans l'espace germanique. Elles visent à la fois les institutions et les comportements, dans la société et dans l'Église. Certains des textes comportent aussi des propositions concrètes pour opérer des changements. En 1439, la *Reformatio Sigismundi* exprime de façon significative les attentes du temps. Cet écrit anonyme, très répandu, souhaitait le rétablissement de la justice et de la paix, en prônant un ordre où chacun, à sa place, assumerait ses fonctions de manière honnête, y compris le clergé. L'agent décisif du changement devait être un empereur à venir, opérant de concert avec un concile. Cette attente se retrouve à la fin du siècle dans l'*Oberrheinischer Revolutionär.*

Peu à peu, les attentes se font plus radicales et plaident pour un changement visant à transformer en profondeur le monde perverti. La folie de ce monde, notamment dans les comportements de toutes les classes de la société, avait été mise en évidence dans *La Nef des Fous* publiée par Sébastien Brant en 1494 et dans l'*Éloge de la Folie* d'Érasme, qui parut en 1511.

Mais ces écrits ne contenaient pas de programme précis pour établir une société nouvelle. Un autre texte aura un large retentissement, l'*Utopie* de Thomas More, parue en latin en 1516, traduite et publiée deux fois dans l'espace allemand. Avec prudence, l'auteur évoque une sorte de contre société, utopique certes, dans la mesure où elle n'existe nulle part, mais suffisamment concrète pour indiquer des pistes à suivre pour changer la société existante. En 1520, Luther publie son *Manifeste à la noblesse chrétienne de la nation allemande* et le *Prélude sur la Captivité babylonienne de l'Église*. Il ne se contente pas d'élaborer une nouvelle théologie ou d'édifier les fidèles, ou encore de proposer un ensemble de réformes du clergé et des institutions et pratiques religieuses, mais il veut réformer l'ensemble de la vie sociale. Luther n'étant pas compétent dans tous les domaines, il se contentait parfois de reprendre des idées qui étaient plus ou moins « dans l'air », d'où le succès du *Manifeste*.

JOHANN EBERLIN VON GÜNZBURG

En 1521, ce clerc publie les *Quinze Confédérés*, d'abord sous la forme de quinze petits écrits distincts, puis, la même année, dans une édition comportant l'ensemble des quinze textes, sans indication de l'auteur. Parmi ceux-ci, il y a en particulier les *Dixième* et *Onzième Confédérés* publiés quelquefois sous le titre *Wolfaria*. C'est seulement en 1524 qu'Eberlin a reconnu être l'auteur des *Quinze Confédérés*. Est-ce par prudence qu'il n'a pas indiqué son nom en 1521, ou pour manifester par l'anonymat que l'écrit n'exprimait pas la pensée d'un individu, mais celle du peuple ? La question peut rester ouverte.

Mais qui était-il ? Né vers 1470 à Kleinkötz près de Günzburg en Bavière, il avait fait ses études à l'Université d'Ingolstadt, puis à Bâle en 1489. Il avait acquis plusieurs titres universitaires dont la maîtrise ès arts en 1490. On le trouve à Fribourg-en-Brisgau en 1493. Il entre au couvent des franciscains à Heilbronn et défend avec ardeur pendant tout un temps la doctrine catholique traditionnelle. En 1519, il s'installe à Tübingen où il œuvre comme prédicateur au couvent des franciscains. C'est le temps aussi où, dans le cercle humaniste local, il a un premier contact avec les idées réformatrices. En 1520, il a aussi des contacts avec les milieux humanistes et réformés de Bâle. Après avoir œuvré encore à Fribourg-en-Brisgau comme prédicateur et maître de lecture *(Lesemeister)*, il exerce la même fonction à Ulm au début de 1521. Il commence alors à prêcher dans un sens luthérien et entre en conflit avec ses frères religieux. En juin, il est exclu du couvent et quitte l'ordre. Il se rend successivement à Baden en Suisse, à Lauingen et à Augsbourg et, au printemps 1522, à Wittenberg. Il sera pasteur à Wertheim et publiera encore une vingtaine d'autres écrits.

Eberlin publie les *Quinze confédérés* après que Luther s'est fait connaître auprès d'un large public de l'Empire romain germanique. Après ses 95 Thèses au sujet des indulgences, publiées en 1517, et des écrits concernant la piété et les sacrements, c'étaient surtout les grands écrits de Luther, en 1520, qui avaient largement répandu ses idées dans la société allemande. Excommunié le 4 janvier 1521 puis mis au ban de l'Empire après sa comparution à Worms en avril de la même année, il avait disparu physiquement pendant plusieurs mois en séjournant au château de la Wartburg. Mais ses idées continuaient de circuler. Eberlin les connaît sans aucun doute. Mais en 1521 elles n'ont pas encore conduit à la mise en place de l'Église évangélique. En attendant, des moines commencent à quitter le couvent, des prédicateurs acquis aux conceptions de Luther s'expriment, en chaire et par écrit, des pamphlets pro-luthériens se multiplient. La société allemande entre en ébullition, et Eberlin y contribue par ses écrits. Tout cela conduit à la révolte des chevaliers en 1523 puis à celle des paysans en 1525.

Que trouve-t-on dans *Wolfaria* et comment situer ce texte par rapport aux utopies et manifestes réformistes de l'époque ?

L'ÉCRIT PROGRAMME D'EBERLIN

L'auteur veut présenter un lieu où l'on se sent bien : « Wolfaria » évoque la *« Wohlfart »*, le bien-être. Il évoque les institutions civiles et ecclésiales de la société qui vit dans ce lieu, leur fonctionnement, la vie sociale et religieuse. Des ressemblances, mais aussi des différences avec l'*Utopie* de Thomas More apparaissent. En même temps, l'auteur est tributaire de certaines propositions faites par Luther.

En ce qui concerne l'organisation des territoires, le village, qui est l'entité de base, est dirigé par un écoutète *(Schultheiß)* noble. Quand il atteint deux-cents fermes, il est qualifié de bailliage et dirigé par un bailli. Dix bailliages relèvent d'une ville et leur administration est gérée par un comte. Dix villes ainsi que leurs territoires constituent une entité princière et l'un des princes est qualifié de roi. Des conseillers et des assemblées annuelles participent à l'exercice de l'autorité ; les conseils se composent à part égale de paysans et de nobles.

Alors que l'île utopique imaginée par More privilégie l'uniformité, Eberlin souligne que chaque entité doit avoir ses propres lois. Il ne remet pas en question la différenciation sociale. Il y a toujours diverses classes sociales au sein de Wolfaria. Eberlin évoque surtout les nobles et les paysans, ainsi que les prêtres. En passant, il parle aussi du commerce et de l'artisanat. L'auteur s'oppose à une noblesse vivant uniquement sur ses terres sans travailler. Les nobles doivent être rétribués dans le cadre des fonctions qu'ils exercent. Mais c'est surtout des paysans qu'il est question. À ce propos, on retrouve l'*Utopie*. Chez Thomas More, l'agriculture est l'activité de base. À son tour, Eberlin valorise les paysans et leur travail. Mais chez lui émerge cette conscience de soi de bien des paysans qui s'exprimera quelques années plus tard au cours de la Guerre des paysans.

Dans son *Utopie*, Thomas More prône l'abolition de la propriété privée. Il supprime aussi la monnaie à l'intérieur de l'île, que les Utopiens n'utilisent que dans le cadre d'échanges avec des personnes extérieures. Chacun se sert au marché en fonction de ses besoins. Eberlin ne va pas jusque-là. Certes, il envisage une certaine communauté des biens. Elle concerne le gibier, les poissons et les oiseaux, ainsi que le bois de chauffage ; cette communauté se pratiquait déjà dans bien des lieux, alors que certains nobles monopolisaient les droits de chasse et portaient souvent atteinte aux droits ancestraux, ce qui provoquera des revendications des paysans en 1525.

Eberlin ne suit pas le radicalisme de More ; il maintient la propriété individuelle et la monnaie comme base du commerce et des échanges.

À l'instar de More et de Luther, Eberlin valorise considérablement et principalement le travail. Même les nobles doivent travailler, et principalement dans les champs. Comme beaucoup de ses contemporains, il dénonce l'oisiveté. Il s'oppose aussi à la mendicité, aussi bien celle pratiquée par les ordres mendiants qui, d'après lui, doivent être dissous immédiatement, que celle des gens sans ressources. Il faut, certes, secourir les pauvres, mais pas les bien portants qui pratiquent la mendicité par paresse. Déjà More s'en prenait aux vagabonds et serviteurs oisifs qui, d'après lui, seront « les brigands de demain ».

Quant aux lois et au droit qui doivent régler la vie sociale à Wolfaria, Eberlin prône la suppression du droit romain, des anciennes lois impériales et ecclésiastiques, et de toute l'administration qui gérait ces droits. Soucieux de privilégier l'échelon local, il demande que les lois et ordonnances ne soient pas imposées au peuple, mais lui soient soumises avant d'être adoptées. Il demande d'acheter des produits issus du territoire où l'on habite. Seuls ceux qui connaissent les lois locales peuvent devenir propriétaires dans un bailliage.

Proche de Luther, Eberlin souligne l'importance de l'éducation et des écoles. Les enfants doivent fréquenter l'école dès l'âge de trois ans et jusqu'à leur huitième année. On y enseignera « la loi chrétienne à partir de l'Évangile et des lettres de Paul[1] ». Les plus jeunes apprendront le latin et l'allemand, ensuite ils apprendront des rudiments de grec et d'hébreu.

More soulignait que l'école concernait aussi bien les garçons que les filles. Luther s'exprime dans le même sens, mais, en 1520, une heure par semaine seulement est attribuée à l'instruction des filles. Il proposera davantage en 1524. Dès 1521, Eberlin souhaite que les filles soient admises à l'école selon les mêmes conditions que les garçons.

En ce qui concerne le mariage, on est frappé par le jeune âge proposé par Eberlin : 15 ans pour les filles et 18 ans pour les garçons. La même chose sera proposée par Luther en 1522. Aristote prévoyait 18 ans pour les femmes et 37 ans pour les hommes. More le suivait pour les femmes et proposait 22 ans pour les hommes. Comme le faisait déjà Luther dans le traité *De la Captivité babylonienne*, Eberlin s'oppose aux divers empêchements au mariage. Dans le même texte, Luther conseille à la femme qui n'arrive pas à enfanter à cause de son époux de demander le divorce pour en épouser un autre. Eberlin envisage lui aussi le divorce si l'un des deux partenaires n'arrive pas à remplir le devoir conjugal. Si l'un des époux décède, le survivant doit se remarier dans les six semaines, à moins de vouloir rester chaste. En cas de mariage secret ou d'adultère, le fautif encourra la peine de mort.

Le style de vie des uns et des autres avait déjà retenu l'attention de More. Selon ce dernier : « Les vêtements sont les mêmes pour toute l'île. Ils sont taillés sur un modèle unique qui ne change jamais. Les seules différences sont celles qui permettent de distinguer l'homme de la femme et les célibataires des personnes mariées[2]. » Selon Eberlin, « tout le monde doit porter des vêtements de mêmes couleurs sauf pour distinguer les hommes des femmes[3] ». Même si

1 *Onzième Confédéré*, f° Aiii^{b}-Aiiii.
2 Prévost, 1978, p. 466.
3 *Onzième Confédéré*, f° Aiiii^{b}.

les vêtements des femmes doivent être jolis, ils doivent être décents, comme ceux des hommes. Comme Érasme, Eberlin demande aux hommes de porter la barbe.

Chez les Utopistes de More, les maisons sont toutes les mêmes et les habitants doivent en changer tous les dix ans. Eberlin interdit seulement de « construire de[s] maisons excessivement somptueuses, à l'exception des bâtiments publics[4] ». Ceux qui vivent au-dessus de leurs moyens doivent être dénoncés.

More vilipende la « multitude des jeux détestables, les dés, les cartes, les dames, la paume, la bulle, les palets » qui, d'après lui, épuisent rapidement l'argent de ceux qui les pratiquent. Eberlin autorise les jeunes gens à jouer aux boules, à pratiquer le tir à l'arc, à s'adonner à des jeux sportifs – mais sans jouer pour de l'argent – ou à représenter des comédies divertissantes, à condition de préserver la décence. Cette dernière s'impose aussi aux filles qui peuvent chanter et danser des rondes, mais seulement entre elles. Les adultes peuvent jouer aux jeux cités, mais la mise ne doit pas dépasser un *pfennig*.

Comme dans l'*Utopie* de More, il est question chez Eberlin de la guerre. Bien des traits communs apparaissent dans l'exposé. Seule la guerre défensive est retenue par les deux auteurs, la guerre de conquête est exclue. On ne peut, certes, pas toujours éviter la guerre. À ce propos, Eberlin précise les conditions pour qu'elle soit menée de manière licite : il faut recueillir d'abord l'avis des princes du pays et, quand la guerre éclate, les nobles doivent être en première ligne ; il faut épargner les femmes et les enfants. Le travail agricole doit continuer, il est interdit d'incendier les églises. Les prêtres doivent prier non pour la victoire, mais pour une paix favorable.

LES INSTITUTIONS ECCLÉSIASTIQUES ET LA VIE RELIGIEUSE

Alors que More traitait des religions en général et de la tolérance religieuse sans s'étendre sur les Églises chrétiennes, Eberlin se concentre sur l'Église chrétienne, ses institutions, ses ministres, ses célébrations et la vie religieuse des fidèles. L'influence des écrits de Luther de 1520 est patente. Eberlin rejette l'indépendance traditionnelle du système ecclésial par rapport aux autorités civiles. Le pape est pour lui une figure antichristique. La base de l'organisation

4 *Onzième Confédéré*, f^{b} Aiii^{b}.

est la paroisse, qui s'identifie quasiment avec la commune. C'est là qu'un curé, un chapelain, un diacre sont à l'œuvre. Ils sont élus par les fidèles. Mais Eberlin envisage aussi des institutions supra-paroissiales : vingt paroisses sont sous l'autorité d'un évêque, qui est l'un des pasteurs. Une fois par mois, l'évêque réunit les clercs de son « diocèse » pour leur instruction. Il ne dispose d'aucun privilège et gagne même moins que les autres prêtres. Les divers évêques se réunissent une fois par mois en synode pour traiter de problèmes ecclésiaux.

En ce qui concerne les prêtres, l'anticléricalisme ambiant du début du XVIe siècle affleure : Eberlin estime qu'il y en a trop et qu'il ne faut pas engager de nouveaux prêtres pendant dix ans. Aucun village ne doit avoir de curé s'il compte moins de 500 habitants ayant atteint l'âge de raison. Il ne faut pas non plus confier aux prêtres la gestion de l'argent destiné aux pauvres, car beaucoup de prêtres se sont enrichis illégitimement de cette manière. Deux prêtres par paroisse ainsi qu'un diacre sont suffisants. Ils ne doivent pas entrer dans le ministère avant l'âge de 30 ans. Leur fonction consiste à étudier, à prier, à transmettre le seul message biblique en exhortant les fidèles à mettre leur confiance en Dieu et à servir Dieu en observant ses commandements. Ils célèbrent les deux sacrements conservés par Eberlin à la suite de Luther. Comme Thomas More et comme Luther dans son traité *De la Captivité babylonienne*, Eberlin plaide pour le mariage des prêtres. Ils ne doivent pas recevoir la dîme ni être rémunérés sur la base de services aux particuliers, réduits à des croyants individuels, mais par une caisse commune gérée par les autorités civiles. La rémunération, uniforme, s'élève à 200 florins par an, pris dans la caisse commune du lieu. Il leur est permis d'acheter un bien agricole ou d'exercer aussi un métier artisanal, mais pas de vendre ou d'échanger la prébende dont ils bénéficient. Leurs vêtements ne se distinguent en rien, mais ils doivent être décents. Si les prêtres contreviennent à leurs obligations et commettent des fautes, ils seront jugés par les autorités civiles et non par un tribunal ecclésiastique. Il leur est interdit de siéger dans les conseils du pays. Il faut les honorer au même titre que les baillis.

Quant au clergé régulier, si le texte du *Dixième Confédéré* se termine par le vœu que tous les moines soient chassés, d'autres passages indiquent qu'Eberlin ne veut pas supprimer le monachisme d'entrée de jeu. Il faut lui laisser le temps de s'éteindre naturellement.

Certes, Eberlin pense qu'il faut supprimer immédiatement les ordres mendiants, détestés à la fois par les fidèles et par les autres clercs. Par contre, les autres moines et moniales peuvent rester dans leurs couvents s'ils ne veulent pas les quitter, mais leur nombre doit être limité à dix et ils doivent abandonner leurs habits traditionnels. Les locaux devenus vacants serviront d'hôpital, de maison de retraite ou d'école pour la jeunesse. Les femmes de la noblesse, accueillies dans des établissements qui leur sont destinés, seront regroupées et pourront continuer d'y vivre.

Contrairement à ce que feront certains iconoclastes du XVIe siècle, Eberlin veut supprimer seulement les statues dans les églises, mais non les images qui illustrent les scènes bibliques, en excluant celles qui représentent des saints non bibliques. À l'église, « on ne doit jouer ni de l'orgue, ni de la flûte, ni chanter de la musique figurative, mais seulement des cantiques sérieux tirés de la messe communautaire ou des vêpres[5] ». Le curé ne doit enseigner que ce qui est dans les livres bibliques. Aucune femme ne doit chanter ou lire publiquement dans l'église. Lors de la célébration de la messe, qui doit se faire seulement le dimanche et autres jours de fête, le sacrement sera donné sous les deux espèces aux fidèles ayant atteint l'âge de raison. Les pécheurs notoires ne recevront pas la communion.

On est surpris que seul le Notre Père doive être enseigné, « sous peine de décapitation[6] » ! Eberlin s'oppose à tous les petits livres de prière qui circulaient pour édifier les fidèles. Seul le Symbole des Apôtres sera chanté, à l'exclusion des Symboles d'Athanase et de Nicée.

Eberlin conserve presque toutes les fêtes traditionnelles « en usage en Europe », en y ajoutant la fête patronale propre à chaque paroisse. On notera encore que, à côté de la messe du dimanche matin, un office sera célébré le dimanche après-midi, auquel doivent assister les enfants et les jeunes gens.

Eberlin conserve la pratique traditionnelle de la confession personnelle annuelle, en précisant que personne ne doit se sentir « obligé de confier ses secrets au prêtre[7] » ! Il prône aussi le jeûne, les trois jours précédant Pâques, mais aussi, pour ceux qui le veulent, les veilles des jours de fête et les quarante jours avant Pâques. Les

---

5 *Dixième Confédéré*, f° Aii.
6 *Dixième Confédéré*, f° A_5^b.
7 *Dixième Confédéré*, f° Aiii^b.

heures canoniques sont abolies. Relevons encore l'interdiction des pèlerinages, à moins que la personne y soit autorisée par écrit, par son curé et son bailli. Là aussi, Eberlin a repris les conceptions de Luther.

Il est question également des obsèques. Eberlin réduit les rites à un minimum. Après son décès, le défunt doit être conduit au cimetière avec des prières. C'est le dimanche suivant que la communauté sera informée de ses obsèques et qu'une prière commune aura lieu. Des vêtements de deuil ne doivent être portés que pendant huit jours. Tout au long du temps et de la vie, il faut inciter les fidèles à « mourir volontiers[8] ».

Pour conclure, tout en rejetant tout empiètement du clergé sur l'exercice du pouvoir civil, l'auteur se situe dans une société où l'Église et la société civile s'identifient quasiment et où religion et morale se confondent. Comme More, il est en quête d'une vie sociale paisible et solidaire. Il convient pour cela que chacun travaille pour le bien commun et pas seulement pour lui-même. Eberlin souligne également la nécessité d'un accord du peuple au sujet des lois et du droit qui doivent régir la vie sociale. Il insiste sur une vie religieuse personnelle. Le travail est la valeur dominante, l'oisiveté est condamnée, les fêtes et les jeux sont règlementés, les beuveries rejetées. Aucun divertissement ne doit durer plus d'une demi-journée. La peine de mort est prévue pour toutes sortes de comportements et de dérives. Chacun doit respecter son prochain. S'il porte atteinte à son honneur, il doit être déshonoré publiquement. Les domestiques ne doivent être ni battus ni injuriés. En cas de maladie, ils doivent être entretenus pendant deux mois.

On relèvera aussi qu'Eberlin accepte l'idée d'accueillir les incroyants, c'est-à-dire des croyants d'autres religions, comme les juifs et les païens :

> Si des mal croyants veulent vivre parmi nous, personne ne doit leur porter préjudice, mais on doit les traiter de manière amicale comme nos concitoyens. Cependant, on ne doit leur attribuer aucun honneur civil ni aucune charge, et ils ne doivent pas se moquer de nos lois et de nos croyances[9].

Eberlin a proposé toutes sortes de changements concernant l'ordre social traditionnel. Les prêtres doivent vivre comme les

8 *Dixième Confédéré*, f° Aiiii^b.
9 *Onzième Confédéré*, f° A_5.

autres êtres humains, soumis à la même législation, être mariés et élus par les communautés. C'est le cas aussi des fonctionnaires. Les nobles doivent vivre de leur service au sein de la communauté. Pour autant, Eberlin n'est pas adepte d'un égalitarisme radical. Il y aura toujours, d'après lui, des dirigeants et des sujets, et toutes sortes de différences sociales, légitimes si les uns et les autres sont au service du bien commun. À la différence de More, il ne supprime pas la propriété individuelle.

Tout en proposant de corriger des abus, il conserve la plupart des fêtes traditionnelles. Il est aussi pragmatique. À la différence de certains de ses contemporains, et même s'il est critique à l'égard du monachisme, il ne veut pas le supprimer d'emblée, mais le réduire en attendant son extinction.

UNE UTOPIE ?

Plusieurs caractéristiques du texte pourraient justifier l'opinion selon laquelle il s'agirait de « la première utopie protestante ». Une certaine proximité avec l'*Utopie* de More est indéniable. Le cadre de l'exposé est utopique. L'auteur ne veut pas avancer ses propres idées, mais exposer ce qu'un certain Psitacus, un inconnu dont on connaît seulement le nom, lui a rapporté de Wolfaria, un pays imaginaire comme sa capitale Baldeck. Il en est de même de la chronologie qui termine le *Dixième Confédéré* : le 35e jour d'Ubelis et l'année où Pâques tomba un lundi[10] n'existent pas dans la réalité, mais trouvent leur place dans une démarche fictive. Il faut aussi rappeler que la société décrite par Eberlin n'a jamais existé comme telle dans sa globalité, ni avant lui ni après lui.

Pour autant, cette société n'est pas une construction imaginaire. À la différence de More, Eberlin ne construit pas une contre-société, même si elle est différente de celle qui est vécue à une époque et un temps donnés. Elle s'enracine dans un pays réel dont l'auteur fait la critique et pour lequel il fait des propositions concrètes, dont certaines, en particulier dans le domaine religieux, vont se réaliser partiellement, en accord avec celles des réformateurs protestants. On a pu relever la proximité avec Luther, en particulier avec des écrits publiés par ce dernier en 1520. Mais, si Eberlin est plus radical que Luther, il présente de manière pragmatique, ouverte à des compromis, un programme sociétal global qui ne se limite pas à

10 *Dixième Confédéré*, f° A_6.

la réforme religieuse. Il est bien le premier à s'engager dans cette voie, en attendant Bucer et son traité *Du Royaume du Christ* (1550).

L'IMPACT

Les *Quinze Confédérés* ont paru tout au long de l'année 1521, d'abord en textes séparés chez Gengenbach à Bâle. La même année, les quinze textes ont été regroupés et réédités à Augsbourg (Jörg Nadler) et Spire (Joachim Eckart). Pourtant, l'étendue de leur impact est mal connue. Le franciscain strasbourgeois Murner trouvera dans l'écrit d'Eberlin toutes sortes de matières pour alimenter sa critique contre les luthériens, qu'il exposera en 1522 dans *Du Grand fou luthérien*, vilipendant en particulier la conception d'Eberlin d'une société sans empereur. Pourtant, sept des *Douze Articles* des paysans de Memmingen figuraient déjà d'une manière ou d'une autre dans le projet d'Eberlin. Quant aux propositions ecclésiales, elles s'intègrent manifestement dans les changements mis en œuvre dans les réformes de Luther et de Zwingli.

JOHANN EBERLIN VON GÜNZBURG
XV BUNDSGENOSSEN / « LES QUINZE CONFÉDÉRÉS »
Traduction des *Dixième* et *Onzième Confédérés*

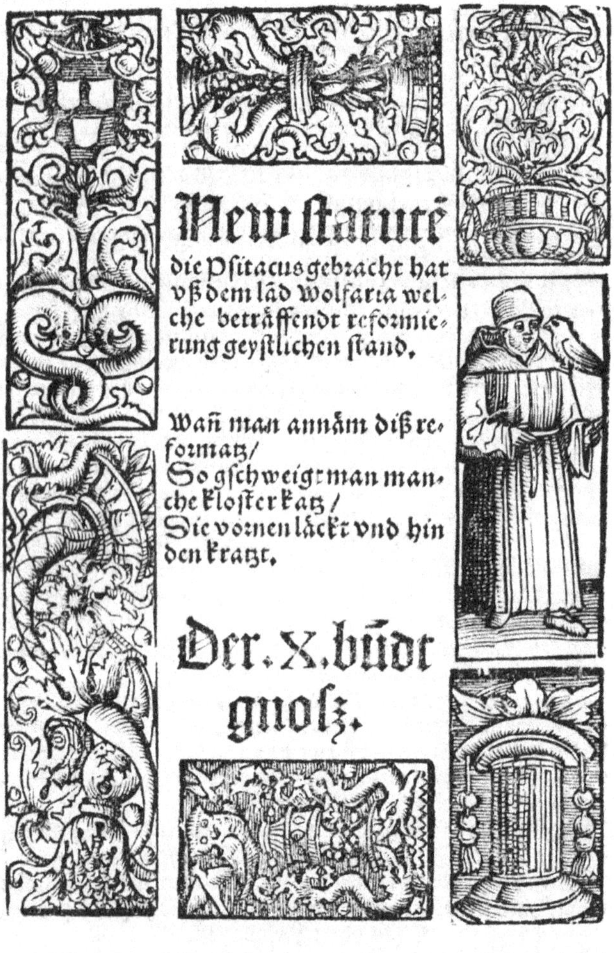

New statutẽ
die Psitacus gebracht hat
vß dem lād Wolfaria wel-
che betråffendt reformie-
rung geystlichen stand.

Wañ man annåm diß re-
formatz/
So gschweigt man man-
che kloster katz/
Die vornen låckt vnd hin
den kratzt.

Der. X. būdt
gnosz.

Figure 1. Page de titre du *X*[e] *Confédéré* (édition de Bâle, 1521).
Johann Eberlin von Günzburg, *New statuten die Psitacus gebracht hat [...]*,
Titelblatt (UB Basel, FL VII 14:7:10).

Der.X. būdtgnoß[11]

Le Dixième Confédéré[12]

New statutē die Psitacus gebracht hat vß dem lād Wolfaria welche betraͤffendt reformierung geystlichen stand.

Nouveaux statuts relatifs à la réforme de l'état ecclésiastique que Psitacus[13] a rapportés du pays de Wolfaria[14].

Wañ man annaͤm diß reformatz,
So gschweigt man manche kloster katz,
Die vornen laͤckt vnd hin den kratzt.

Là où on adopte ces réformes,
On fait taire bien des chats des couvents
Qui vous lèchent par devant, et vous griffent par derrière.

[Ai^{b}] *Ich zaͤhender bundtsgnoß will eüch allen ze gůt fürhalten das erlich regiment zů wolfaria das also lutet. Wir houptleüt vnd ringk maͤnner des landts wolfaria thůnd kund aller menglich, so diß vnser statut, satzung vnd ordnung laͤsen oder hoͤren laͤsen werden, das dyse stück alle von vnß verordnet sind worden auß wolbedachtem gemuͤt zů nutz vnserm land, stat, doͤrffer, flaͤcken, zů den wir euch alle verbinden by straff deß schmach worts eines vngeordneten vngotzsamen burgers.*

Moi, le dixième confédéré, souhaite présenter, pour le bien de vous tous, le gouvernement juste de Wolfaria comme suit. Nous, les magistrats et conseillers[15] du pays de Wolfaria, proclamons à quiconque lira, ou entendra lire, ces statuts, règlements et ordonnances, que tous ces éléments ont été ordonnés par nous, après mûre réflexion, pour le bien de notre pays, de nos villes, de nos villages et de nos bourgs[16]. Et nous vous considérons tous comme liés à eux sous peine d'être incriminés honteusement comme citoyens désobéissants et impies.

So vnß das gesatz vnd vernunfft leret, man soll einen waren got fürderlich eren, in yn alle zůversicht erstlich setzen, woͤllen wir haben pfaffen, die vnß vermanen zů gots dienst nach vßweisung siner gebot. Darumb auch jetliche pfarr soll zwen pfaffen haben, ein Pfarrer vnd ein Caplon, die

Étant donné que la loi et la raison nous enseignent que l'on doit honorer le vrai Dieu de manière salutaire et placer toute sa confiance prioritairement en lui, nous voulons avoir des prêtres[17] qui nous exhortent à servir Dieu selon ses commandements qu'ils nous auront enseignés. C'est pourquoi

11 Le texte allemand proposé se fonde sur l'édition d'œuvres choisies d'Eberlin von Günzburg par Ludwig Enders (Eberlin von Günzburg, 1896, p. 107-131).

12 Eberlin a séjourné à plusieurs reprises en Suisse, d'où sans doute l'utilisation du terme « confédéré » *(Bundgenoß)*, utilisé ainsi qu'*« Eidgenossen »* en Suisse. En y recourant, l'auteur veut indiquer que son texte exprime la voix du peuple.

13 *Psittacus*, en latin : perroquet.

14 Wolfaria : allusion au mot allemand *Wohlfahrt*, bien-être.

15 Les *ringk maͤnner*, terme traduit par « conseillers », sont ceux qui se réunissent sur le *Ring*, c'est-à-dire la place où siègent les magistrats et conseillers des villages de la campagne suisse.

16 *Flaͤcken* désigne en général un gros village (bourg), mais parfois une agglomération quelconque ou encore un petit hameau (*cf.* note 58).

17 Le texte emploie le terme *Pfaffen* qui n'a pas le sens péjoratif qu'il aurait aujourd'hui. Nous l'avons traduit par « prêtres ». Pour les « prêtres de paroisse », nous avons traduit par « curé ».

gliche prebend söllen haben, doch der Caplon soll dem pfarrer nach geben. Alle sontag soll der pfarrer ein ewangelische leer thůn von namhafftigen stücken vnsers gsatz vnder der mäß. Vnder der Vesper, soll der Caplon ein kurtze vermanung thůn den kinden, sy zů leren christenlich zucht.

chaque paroisse aura deux prêtres : un curé et un chapelain, qui recevront la même prébende[18], mais le chapelain sera placé sous la direction du curé. Tous les dimanches, pendant la messe, le curé délivrera un enseignement évangélique[19] au sujet des éléments importants de notre loi. Pendant les Vêpres, le chapelain fera un bref sermon à l'intention des enfants afin qu'ils apprennent la discipline chrétienne.

Von den Fyrtagen.

Wir wöllen allein haben nachgend fyrtag. Alle Sontag, Christtag vnd dry nachgond fyrtag. Des newen jars tag. Der heyligen dry küng tag. Den grünen dornstag. Karfrytag. Oster abent. Den Oster tag. Die Vffart. Den Pfingst tag, vnsers Hergots tag. Vnser frawen verkündung. An vnser frawen hymmelfart tag. An vnser frawen Liechtmäß. Sant Peter vnd Paulus tag, die in Europa sunderlich gepprediget haben. Sant Johans deß töüffers tag, der so redlich vmb der warheit willen gefochten hat. Aller Engel tag vff Michaelis. Aller heyligen tag.

Jetliche kirch soll halten ein fäst von irem Pfarr patron. Sant Agnes. Sant Cecilia. Sant Anastasia ꝛc.

Des jours de fête

Nous souhaitons avoir seulement les jours de fêtes suivants : tous les dimanches, Noël et les trois jours de fête suivants, le jour du Nouvel An, l'Épiphanie, le Jeudi saint, le Vendredi saint, la Vigile pascale et le jour de Pâques, l'Ascension, la Pentecôte, la Fête Dieu, l'Annonciation, l'Assomption, la Chandeleur[20], la fête de Saint-Pierre-et-Saint-Paul, qui, en particulier, ont prêché en Europe. La fête de Saint-Jean-Baptiste[21] qui a combattu si diligemment pour l'amour de la vérité. La fête de tous les anges le jour de la Saint-Michel[22]. La Toussaint[23].

Chaque église aura une fête le jour de son saint patron[24] : sainte Agnès[25], sainte Cécile[26], sainte Anastasie[27], etc.

---

18 Prébende : bénéfice ecclésiastique.

19 Évangélique au sens de « fidèle à l'Évangile ».

20 La Chandeleur, fêtée le 2 février, rappelle la présentation de Jésus au Temple.

21 Célébrée le 24 juin.

22 Célébré le 29 septembre.

23 Dans son écrit de 1520 *À la noblesse chrétienne de la nation allemande* (Luther, 1999, p. 642-643), Luther va plus loin : « Il faudrait supprimer toutes les fêtes et ne conserver que le dimanche. Mais si l'on voulait célébrer la fête de Notre Dame et celle des grands saints, il faudrait les déplacer toutes au dimanche ou les célébrer seulement à la messe du matin. »

24 La fête patronale durait quelquefois plusieurs jours.

25 Martyre romaine qui, dans la foi populaire, était la patronne des enfants et des vierges.

26 La tradition chrétienne a mis en rapport cette figure légendaire avec la musique, en particulier avec l'orgue.

27 Femme qui a été martyrisée au temps de l'empereur Dioclétien. Elle apparaît dans le canon de la messe et dans la litanie de la Toussaint. Selon la tradition populaire,

Alle andere Fyrtag legen wir ab, als vnnütze schaͤdliche ding, dann got vyl erzürnet wirt vnder solichem gůten schein.

Toutes les autres fêtes, nous les supprimons comme choses inutiles et nuisibles, car Dieu est très irrité par une telle hypocrisie.

Von den Fast tagen.

Des jours de jeûne

Dry tag vor Osteren soll jederman Fasten, wers vermag.

Tous ceux qui en sont capables doivent jeûner pendant les trois jours précédant Pâques.

[Aii] *Aller andern fyrtag abent sol man fasten, on der sontag abent.*

On doit jeûner les veilles de tous les jours de fête, sauf les veilles de dimanche.

Die Quadragesima vor ostern soll im fasten vnd gsangen gehalten werden, wie man jetz den aduent haltet, waͤr woͤll der faste, niemandt ist zů zwingen.

On doit observer les quarante jours avant Pâques en jeûnant et en chantant comme on observe actuellement le temps de l'Avent : quiconque le souhaite peut jeûner, mais personne ne doit être obligé de le faire[28].

Kain bychtvatter soll eim fasten ze bůß geben. Alle fasttag soll man also halten, nit meer dann zwey mol soll man im tag essen, allso das man morgens aͤß vmb.x. vr, vnd zů nacht vmb.v. vr.

Aucun père confesseur n'imposera le jeûne comme acte de pénitence. Tous les jours de jeûne doivent être observés de la façon suivante : on ne mangera pas plus que deux fois par jour, c'est-à-dire le matin à 10 heures et le soir à 17 heures.

Alle spyß sind erloubt am fast tag on flaisch, fysch vnd vßlaͤndiger wein.

Toute nourriture est permise pendant le jeûne sauf la viande, le poisson et les vins étrangers.

By hoher pein soll man kein fast tag meer vff setzen, vnd alle andere fast tag ab thůn.

Sous peine de punition grave, aucun jour de jeûne supplémentaire ne doit être imposé et tous les autres jours de jeûne doivent être supprimés.

Wie man die fyrtag soll halten.

Comment on doit observer les jours de fête

By vnser vngnad, soll jederman vnd besunderlich gestanden leüt all fyrtag morgen jn die kirch kommen, so man maͤß soll halten.

Pour éviter d'encourir notre disgrâce, tout le monde, et particulièrement les adultes, doit aller à l'église le matin de tous les jours de fête pour célébrer la messe.

---

elle pouvait aider ceux qui souffraient de maux de tête.

28 Dans son *Manifeste à la noblesse*, Luther affirmait déjà qu'« au sujet des jeûnes, on devait s'en remettre au bon vouloir de chacun » (Luther, 1999, p. 644).

In der kirchen sol man nit orglen noch pfeiffen noch yn figuris singen, aber allein ein ernstlich gesang gemeiner maͤß vnd vesper.

À l'église, on ne doit jouer ni de l'orgue, ni de la flûte, ni chanter de la musique figurative[29], mais seulement des cantiques sérieux tirés de la messe communautaire ou des vêpres.

Vnder der maͤß soll der pfarrer predigen, wie oben gesagt ist.

Pendant la messe, le curé doit prêcher comme il a été indiqué plus haut.

Nach dem segen soll jederman heim gon zů tisch, vff den jmbiß soll man nit lassen predigen, dann es dem lyb schadt vnd dem gmuͤt nit nützt.

Après la bénédiction, tout le monde doit rentrer chez soi et se mettre à table ; on ne doit pas permettre de prêcher pendant le repas, car cela est nocif pour le corps et n'a aucune utilité pour l'âme.

Nach essen mag ein byderman zů dem anderen in früntschafft gon, oder aber sunst spacieren.

Après le repas, les honnêtes gens peuvent rendre visite à la parenté, ou aller se promener.

Das jung volck mag keglen, schiessen, barr louffen oder kurtzwilig comedias fürhalten dem volck, wir heissen es oster spyl, doch das allein erberkeit dar inn gehalten werd on ergernüß. Die jünckfrawen moͤgen am reien singen mit einander on man, die ballen werffen, meister lieder in erberkeit singen.

Les jeunes gens peuvent jouer aux boules, pratiquer le tir à l'arc, s'adonner à des compétitions sportives, ou mettre en scène pour le peuple des comédies divertissantes que nous appelons « jeux de Pâques[30] ». Mais en toutes ces choses il faut maintenir la décence et éviter de choquer. Les jeunes filles peuvent chanter en faisant des rondes entre elles, mais pas avec des hommes, jouer à la balle ou chanter des chansons de maîtres[31] de manière décente.

Kein tantz soll am fyrtag gehalten werden, aber sunst in der wochen schlagen wir es nit ab, darumb setzen wir so wenig fyrtag, das man sy soͤll wol halten.

Aucune danse ne doit avoir lieu les jours de fête, mais nous ne les interdisons pas pendant la semaine, c'est pourquoi nous avons institué si peu de jours de fête afin qu'on les observe correctement.

Mit karten oder würffel, oder schach soll am fyrtag kein spyl geschaͤhen vber ein pfennig.

Les jours de fête, on ne doit jouer ni aux cartes, ni aux dés, ni aux échecs pour des mises supérieures à un pfennig[32].

29 *Figuris singen* : il s'agit de la musique polyphonique, très développée au XVIe siècle, aussi bien dans la musique domestique que dans les écoles latines rattachées aux églises.

30 Il s'agit de spectacles populaires dont l'origine se trouvait dans la célébration liturgique de Pâques et qui comportaient des ajouts burlesques.

31 *Meisterlieder* ou *Meistersänge* : chants composés par des *Meistersinger*, artisans qui sont aussi des chanteurs, dont le plus connu est le cordonnier Hans Sachs à Nuremberg.

32 Le *pfennig* est l'équivalent du denier dans les pays germaniques, une subdivision du florin *(gulden)*. Cent-vingt *pfennigs* constituaient un florin.

So es.iij. vr ist nach mittag, soll man wider in die kirch gon, vnder welcher soll die predig sin, do by alle kind und iungen leüt [Aii^{b}] *soͤllen sein, vnd solichs soll geschaͤhen zwischen dem capittel vnd dem hymnus, also das man vff die predig sing den hymnus.*

À trois heures de l'après-midi, on retournera à l'église où aura lieu un sermon ; tous les enfants et les jeunes gens doivent y assister. Et ce sermon doit avoir lieu entre la lecture capitulaire et l'hymne, afin que l'on chante l'hymne après le sermon.

All fyrtag abent soll jederman kummen zů der kirchen, do sol man nit singen, aber in der gemein für die todten baͤtten was jetlichs got vermant, vnd soll jetlichs heimsůchen siner elter begrebnüß, dar vß grosser nutz entspringt, do von soͤllen die pfaffen sagen.

Tous les soirs de jours de fête, tout le monde doit venir à l'église. Là, on ne doit pas chanter, mais prier ensemble pour les morts comme Dieu y exhorte chacun, et chacun doit visiter les tombes de ses parents, [pratique] dont résulte un grand bienfait. Les prêtres doivent bien faire comprendre cela aux gens.

In der maͤß nach der predig sol iederman zů dem altar tragen, was er geben wil armen leüten an stat eines opffers, oder ein zettel bringen, dar an geschriben, was man wiß by im zů finden. Solichs allmůsen sol mit wisem rat vnder arme lüt die wuchen getailt werden.

Pendant la messe, après le sermon, à la place d'une offrande, chacun doit apporter à l'autel[33] ce qu'il veut donner aux pauvres, ou bien il peut apporter un mot[34] indiquant ce que les pauvres peuvent espérer recevoir dans sa maison. Pendant la semaine suivante, ces aumônes seront distribuées avec discernement aux pauvres.

By grosser straff soͤllen yn allem land abgethon werden die syben tag zeit, als ein gyfft rechtes gots dienst.

Sous peine de punition très sévère, les sept heures canoniques[35] seront abolies à travers tout le pays, étant un poison pour le vrai culte.

Von Pfaffen.

Des prêtres

Ein Pfarr soll zwen pfaffen haben vnd nit meer. Sie soͤllen ee wyber haben, einer woͤll dann williglich keüsch sin. Ire weiber soͤllen sein geboren auß

Chaque paroisse n'aura pas plus que deux prêtres. Ils doivent avoir une épouse[36], à moins qu'ils ne choisissent librement la chasteté. Leurs femmes

33 L'offrande sous forme d'argent consistait traditionnellement en deux pièces que l'on déposait à droite et à gauche de l'autel après y avoir imprimé un baiser.

34 En allemand : *zettel.*

35 Déjà Luther, dans son traité *Des bonnes œuvres*, considère le travail quotidien comme un culte supérieur à la prière des heures canoniques. Le *Quatrième Confédéré* d'Eberlin oppose le travail des champs aux lectures et chants des heures canoniques.

36 Dans son écrit de 1520 *À la noblesse allemande* (Luther, 1999, p. 635-638), Luther s'oppose déjà fermement à l'obligation du célibat imposé aux prêtres.

dem flaͤcken, dar inn sie pfrůnden haben. Die pfaffen soͤllen geboren sein auß dem ort, do sie pfrůnden haben oder nit weit dar von.

doivent être issues du lieu où ils tiennent leur prébende. Et les prêtres eux-mêmes doivent être nés dans le lieu où ils tiennent leur prébende, ou pas très loin de là.

Zwaintzig pfarrer soͤllen ein han vnder yn, den sy halten für ein byschoff, der soll all geistlich sachen vßrichten mit rat ir aller. Alle monat soll er alle pfaffen berůffen vnd inen gots gsatz inbilden. Jetlicher Pfaff soll jaͤrlich vom gemeinen seckel deß flecken haben. cc. guldin vnd nit meer.

Parmi vingt curés, l'un d'entre eux sera considéré comme leur évêque qui doit diriger les affaires ecclésiastiques en tenant compte des conseils de tous. Tous les mois, il doit rassembler tous les prêtres et les imprégner de la loi de Dieu. Chaque prêtre recevra annuellement 200 florins[37] issus de la caisse commune du lieu et pas davantage.

Der byschoff soll allwaͤgen.xv. guldin minder haben dann andere pfaffen. By grosser straff soll man keim pfaffen etwas in sunderheit geben für sin arbeit, weder opffer, bycht gaͤlt noch seel geraͤdt.

L'évêque recevra toujours 15 florins de moins que les autres prêtres. Sous peine de punition grave, personne ne doit donner à un prêtre quoi que ce soit de spécial pour ses services, ni comme offrande, ni comme honoraires de pénitence, ni comme don pour le salut d'une âme.

Jetliche Pfarr soll haben ein Diacon, der soll meßner sin, dem soll man geben jaͤrlich hundert gulden, vnd ist er willig vnd geschickt, soll im der pfrůnd eine werden, so sy ledig wirt.

Chaque paroisse aura un diacre qui doit faire office de sacristain[38]. On lui donnera 100 florins annuellement[39], et, s'il montre de la bonne volonté et s'il est apte, il doit recevoir une des prébendes lorsqu'elle devient disponible.

Kein pfaff soll sin pfrůnd verwaͤchßlen, in trieb dann lybs not.

Aucun prêtre ne doit échanger ou vendre[40] sa prébende, à moins que la nécessité physique ne le lui impose.

Mann soll nümmer kein pfaffen wyhen haben, aber so ein pfaff oder diacon stirbt oder ab godt, soͤllen die pfarr lüt

Il n'y aura plus d'ordination de prêtre[41], mais lorsqu'un curé ou un diacre meurt ou s'en va, les paroissiens

37 *Gulden* : florins. Dans les régions ou pays passés au protestantisme, la rémunération des pasteurs allait varier d'un lieu à l'autre. Elle se situe entre 100 florins (complétés par des attributions en nature) et 300 florins.

38 *Meßner* : celui qui détient tout le matériel liturgique.

39 Pour information, à Strasbourg, le Magistrat allouait 52 florins annuellement aux moines défroqués.

40 *Verwaͤchßlen.*

41 En 1520, Luther ne considérait plus l'ordination d'un prêtre comme un sacrement. Eberlin semble même vouloir la supprimer en se contentant d'une élection par les fidèles du lieu et d'« une installation par les autorités civiles et par l'évêque ». Luther aussi, proposait un choix par toute la communauté (*À la noblesse allemande*, Luther, 1999, p. 636).

am selben ort mit iren pfaffen einen anderen welen, den soll der vogt vnd gericht am selben ort mit dem byschoff intronisieren.	du lieu, ensemble avec leurs prêtres, en éliront un autre ; ensuite, le bailli[42] et le tribunal local, de concert avec l'évêque, l'installeront solennellement dans sa charge.
[Aiii] *Als offt eim pfaffen ein wyb stirbt, mag er ein andre naͤmen.*	Chaque fois que la femme d'un curé meurt, ce dernier peut en prendre une autre.
Man soll den pfaffen kein zaͤhenden geben.	On ne donnera pas la dîme aux prêtres.
Die pfaffen soͤllen erberlich gekleidet sein, wie eim anderen erber man zů stadt.	Les prêtres doivent être vêtus de manière respectable comme il convient pour tout autre homme honorable de la ville.
Kein blatten soͤllen sy tragen.	Ils ne doivent pas être tonsurés.
Send auch kein fryheit für andere burger haben, doch sol man inen eer bewysen als einem obern.	Ils n'auront pas de privilèges supérieurs à ceux d'autres citoyens[43], mais on devra leur témoigner le respect comme à tout supérieur.
Der vogt im flaͤcken vnd der radt soll gewalt haben vber pfaffen wie vber ander leüt.	Le bailli et le conseil communal d'un bourg auront la même autorité sur les prêtres que sur les autres gens[44].
Welcher pfaff sich vnerlich halt yn siner leer oder yn offentlicher vbertraͤttung der gots gebot, so soll man yn on alle hindernüß vor allem volck vervrteilen als ein anderen offentlichen schaͤdlichen vbelthaͤter.	Tout prêtre qui agit de manière non honorable dans son enseignement ou en transgressant manifestement la loi de Dieu doit être jugé publiquement, sans aucune réserve, comme n'importe quel autre malfaiteur notoire.
Wann einer kein pfaff me will sein, mag er das ampt vffgeben vnd wider ein ley sein, wann man yn wider erwelt mag er wider ein pfaff sein.	Si quelqu'un ne souhaite plus être prêtre, il peut renoncer à son ministère et redevenir laïc[45]. S'il est, par la suite, réélu, il peut redevenir prêtre.
Alle eerliche arbeit vnd handtwerck ist den pfaffen erloubt.	Il est permis aux prêtres de s'adonner à tout travail ou artisanat honorable.
Kein pfaff soll sein ein kouffman, vogt, Wirt oder ratsherr.	Aucun prêtre ne sera marchand, bailli, aubergiste ou conseiller.
Sie soͤllen studieren vnd baͤtten vnd ire hüser wol regieren.	Ils doivent étudier et prier, et maintenir la discipline dans leur foyer.

42 En allemand *Vogt*.

43 Ce passage vise sans doute la dispense traditionnelle accordée au prêtre par rapport au serment civique et aux obligations qui y étaient liées.

44 Cela implique que les prêtres seraient soumis à la législation civile alors qu'ils relevaient traditionnellement du droit canonique uniquement.

45 Selon la doctrine traditionnelle, l'ordination conférait au prêtre une fonction indélébile. Il était en quelque sorte prêtre pour toujours. Pour Luther, au contraire, et pour Eberlin, le ministère sacerdotal était une fonction qui pouvait cesser dans le temps.

Keiner soll pfaff werden, er sy denn vber sine.xxx. jar, by hoher straff.	Pour devenir prêtre il faut avoir au moins trente ans, sous peine de punition sévère.
Die pfaffen moͤgen vmb iren sold kouffen ligende guͤter vnd sy von huß vß buwen wie ander leüt.	Avec leur salaire, les prêtres peuvent acheter des terres et les cultiver depuis leur maison tout comme les autres gens.
Von münchen.	Des moines
Wir gebieten allen unseren voͤgten yn dorff vnd stetten, das sie in angesicht vnsers befaͤlchs mit gewalt triben alle münch vnd nunnen dar zů, das sie abthůen ir kleid, die sie biß haͤr gewonet haben, dann solich sundere kleid machen große vnglicheit.	Nous exigeons de tous nos baillis dans nos villages et dans nos villes qu'ils contraignent par la force, conformément à nos instructions, tous les moines et toutes les religieuses à déposer le vêtement qu'ils ont porté jusqu'à présent, dans la mesure où un tel vêtement distinctif représente une grande inégalité.
Welche haͤr vß woͤllen, moͤgen es thůn, es woͤll dann eins williglich dar inn beliben.	Quiconque souhaite quitter un monastère peut le faire, à moins qu'il choisisse d'y rester.
Klosterleüt soͤllen tragen gemeine kleidung wie ander erber leüt vsserhalb deß closters.	Ceux qui vivent dans les monastères doivent porter des vêtements ordinaires, tout comme les autres personnes honorables à l'extérieur du monastère.
Man soll yn kein kloster zů lassen, das man sich verbind dar inn zů bliben, es sei dann eins.xxx. jar alt, vnd sol yn keim kloster vber.x. person sein, die do inn woͤllen allwaͤg bliben.	On ne doit permettre à personne de s'engager à rester dans un monastère, à moins que cette personne ait trente ans. Et aucun monastère n'abritera plus de dix personnes souhaitant rester là pour toujours.
Alle kloͤster soͤllen nicht sin dann schůlen der iungen, also das man [Aiii[b]] *knaben, frawen vnd maͤgdtlein lere christliche gebot vnd zucht.*	Tous les monastères ne seront rien d'autre que des écoles pour la jeunesse, où on enseignera aux garçons, aux femmes et aux fillettes les commandements et la discipline chrétiens[46].
Wo in einer stat oder flaͤcken me sind dann zwey mann kloster vnd zwei frawen kloster, soll man sie abthůn vnd spitel der armen dar vß machen.	Dans toute ville ou bourg où il y a plus de deux monastères pour hommes et deux pour femmes, tout monastère supplémentaire sera dissous et transformé en hôpital pour les pauvres.

46 Dans son écrit *À la noblesse allemande*, Luther proposait de transformer les couvents en écoles (Luther, 1999, p. 634).

Also das man etliche verordne für alt arm herren, die einer stat in legation oder in aͤmpter lang gedient haben, oder iren krancken kinden. Solich spital soll man eerlich begaben vnd lustlich buwen. Ettliche soͤllen sein für die bilgeren. Ettliche für gemein arm inwoner. Aller anderen kloͤster richtůmb, die man nit bedarff zů schůlen vnd spital, soll man in ein gemeinen stat seckel legen zů gemeinem gebew vnd besoldung der stat.

Certains parmi ces hôpitaux seront dédiés au soin d'anciens conseillers pauvres qui ont servi la cité comme émissaires ou officiers publics pendant longtemps, ou bien de leurs enfants malades. Des hôpitaux comme ceux-là seront dotés de manière appropriée et joliment construits. Certains seront au service des pèlerins, d'autres au service d'habitants pauvres de la commune. Toute autre richesse provenant des monastères, non requise pour les écoles ou les hôpitaux, sera mise dans une caisse commune de la ville pour les constructions publiques et les salaires des employés de la cité.

Von baͤttel münchen.

Des frères mendiants

Alle baͤttel münch soll man gar ab thůn by verlust deß laͤben.

Sous peine de mort, tous les ordres mendiants doivent être entièrement dissous.

Vß iren kloͤstern soll man machen gemeine wonungen, die ein stat hyn lyhe vmb ein jar zinß denen burgeren, die kein eygen huß haben, vyl huß gesind moͤgen jn eim kloster wonen.

Leurs monastères seront transformés en résidences communales qu'une ville peut louer par le biais de baux annuels aux citoyens qui ne possèdent pas leur propre maison. De nombreux serviteurs domestiques peuvent vivre dans un monastère.

Waͤr on obgemaͤlte ordnung well münch oder nun sein, der thuͤ es jn seim huß, on sundere kleidung oder wyß, vnd rychte kein gemeine ordnung vff.

Quiconque souhaite néanmoins devenir moine ou moniale malgré les ordonnances susdites peut le faire dans sa propre maison sans vêtements distinctifs ou style de vie spécial et sans instituer aucune règle commune.

Vom bychten.

De la confession

Wir wellen, das jetlich mensch jaͤrlich ein mal sich erzeig den pfarrern oder irn Caplon, also, darff es rat oder sunder vnderwysung, mag es den pfaffen darumb bitten, oder ist es so einfeltig, mag es der pfaff im selbs sagen.

Nous exigeons que chacun se présente une fois par an devant les curés ou leur chapelain. Ainsi, si quelqu'un a besoin de conseils ou d'instructions spécifiques, il peut solliciter le curé à cet effet ; si la personne est vraiment simple d'esprit, le curé peut lui parler de sa propre initiative.

Wir woͤllen nit das jemandt schuldig sy sein heimlicheit den pfaffen sagen, er woͤll dann das gern thůn, vnd das gebot soll man alle iar ein mol am offnen maͤrckt vßruͤffen.

Nous ne souhaitons pas que quiconque se sente obligé de confier ses secrets aux prêtres, à moins que la personne ne le souhaite[47]. Ce commandement sera rendu public une fois par an sur la place du marché.

Welches aber will, mag sunst zum pfaffen gon im jar als offt es will vmb lere, vmb trost der gewissen ꝛc. nach dem vnd es bedarff.

Mais quiconque le souhaite peut aller auprès du curé aussi souvent qu'il le veut pour recevoir des instructions ou pour le réconfort de sa conscience, selon ses besoins.

Uon der Ee.

Du mariage

Als bald ein maͤgtlein ist.xv. jar alt, vnd ein knab.xviij. sol man sie zamen geben zů der ee, es woͤll dann eins williglich keüsch sein. Wann ein ee durch todt getraͤnt wirt, soll das ander innerhalb.x. wochen wider zů der ee gryffen, es woͤll dann williglich küsch beliben. Wann grosse hindernüß an eim ee menschen ist der eelichen waͤrck, mag man sie scheiden vnd jeglichs wider sich lassen versaͤhen mit eim gemahel. Solichs sag ich von grosser vneinigkeit wegen. Niemand sol sich [Aiiii] *schaͤmen zů bitten vnd ein eelichen gemahel.*

Dès qu'une jeune fille atteint l'âge de 15 ans et un jeune garçon celui de 18, ils doivent être unis par les liens du mariage, hormis ceux qui souhaitent demeurer volontairement chastes. Lorsqu'un mariage est dissous à cause du décès de l'un des deux partenaires, celui qui survit doit se remarier dans un délai de dix semaines, sauf s'il décide de demeurer volontairement chaste. Quand l'un des deux partenaires a de grosses difficultés pour accomplir son devoir conjugal, les partenaires peuvent être séparés et on peut choisir un nouveau conjoint pour chacun d'eux. Je dis cela pour le cas d'une grande incompatibilité. Personne ne doit avoir honte de demander un conjoint.

Welche heimlich zů der ee gryffen on gezeügnüß vnd rat erberer leüt, soll man ertrencken.

Quiconque se marie secrètement sans le témoignage et le conseil de personnes honnêtes sera noyé.

Kein hindernüß soll an der Ee sein von wegen der gevatterschafft, was im gsatz moysi nit hindert die ee, soll by vnß ouch nit hindern. Geschwisterig kinder moͤgen wol in ein ee kummen.

Il n'y aura pas d'obstacle au mariage entre parrain et filleule[48] ; ce qui n'empêche pas le mariage dans la loi de Moïse ne l'empêchera pas non plus chez nous. Les enfants de frères et sœurs peuvent parfaitement se marier[49].

47 Traditionnellement il convenait de confesser aussi les péchés cachés. Luther s'y était déjà opposé dans son *Sermon sur le sacrement de la pénitence* de 1519 (Luther, 1999, p. 275-287) et dans son écrit *À la noblesse chrétienne.*

48 En allemand : *gevatterschaft*. Dans son écrit *À la noblesse chrétienne* (Luther, 1999, p. 643), Luther rejetait aussi certains empêchements de mariage, dus en particulier à certains liens de parenté.

49 C'est-à-dire les cousins.

Die ee soll by vnß kein goͤttlich sacrament geacht sein.
Kein gemeine fraw soll im gemeinen hauß sein.
Die firmung soll by vnß kein eygentlich sacrament sein, noch auch oͤlung, noch pfaffen wyhe.
In der kirchen soͤllen die man sunder ston, vnd die frowen sunder, die kind jetlichs by sines geschlaͤchts glichen.

Le mariage ne sera pas considéré comme un sacrement divin[50] chez nous.
Il n'y aura pas de prostituées dans des maisons closes.
Ni la confirmation, ni l'extrême onction, ni l'ordination des prêtres n'auront valeur de sacrements parmi nous.
À l'église, hommes et femmes se placeront séparément et les enfants seront regroupés par sexe.

Von der Maͤß.

De la messe

Man soll kein maͤß laͤsen dann am fyrtag, dann sollen alle menschen by der maͤß sein vnd do ein gmein gebaͤt zů got thůn.

Aucune messe ne doit être célébrée à l'exception des jours de fête où tout le monde devra assister à la messe et y prier Dieu ensemble.

Vom kirchoff.

Des cimetières

Es sol kein kirchoff by den kloͤsteren sein noch innerhalb der doͤrffer oder stat sein, er soll by den pfarr kirchen sein, vnd soll by jedem kirchoff ein kirch oder huß sein, do inn man am fyrabent zůsamen kum vnd für die todten bit. Auch moͤgen vyl kirchoͤff sein, aber nit meer dann ein pfarr kirch.

Il n'y aura pas de cimetière près des monastères ni à l'intérieur des villages ou des villes. Il doit être situé près de l'église paroissiale. À côté de chaque cimetière, il y aura une église ou une maison dans laquelle on peut s'assembler le soir des jours de fête pour prier pour les morts. Il peut aussi y avoir plusieurs cimetières, mais pas plus d'une église paroissiale.

Uom sterben.

De la mort

So eins sterben wil, ist nit not, das ein pfaff zů eim kum, es woͤll dann sunderlich rat oder trost by un sůchen, ist nit not, das es bychte, wie man jetz bychtet, es mag wol die offen schuld sagen, vnd soll die leüt so es erzürnet hat bitten vmb verzyhung.

Lorsque quelqu'un est sur le point de mourir, il n'est pas nécessaire que cette personne reçoive la visite d'un prêtre, à moins qu'elle ne souhaite un conseil ou une consolation spécifiques. Il n'est pas nécessaire de se confesser comme on se confesse actuellement. La personne peut confesser une faute non encore avouée et demander pardon à ceux qu'elle a irrités.

---

50 Dans son *Sermon sur l'état conjugal* de 1519 (Luther, 1999, p. 240), Luther avait encore considéré le mariage comme un sacrement. Dans son *Prélude sur la Captivité babylonienne de l'Église* de 1520, il ne retient plus que le baptême, la cène et la pénitence, au début du texte ; mais à la fin du texte, il écarte la pénitence du nombre des sacrements, comme il l'avait fait pour le mariage, l'ordination, la confirmation et l'extrême onction.

Eim krancken soll ein pfaff oder diacon reichen das heylig sacrament deß lychnam christi, es soͤllen auch eim krancken zů louffen die nachburen vnd got für in bitten vnd in troͤsten vnd im vorlaͤsen ewangelische gsatz.

Un curé ou un diacre doit donner le saint sacrement du corps du Christ aux malades. De même, les voisins doivent rendre visite à une personne malade, intercéder pour elle auprès de Dieu, la réconforter et lui lire des textes de l'Évangile.

Vom testament.

Des testaments

Ein jetlich mensch, das ein zeitlich narung hat, sol von der zyt an, do es verstendig wirt, vffrichten ein testament vnd ordnung siner hab, solich testament mag er andern, als offt er will, wo er aber also stirbt, so soll es sein wie ers am naͤsten gemacht hat.

On wissen vnd willen des vogts soll nüt testiert werden für gmeine ding, es sei schůl, kirch oder spital, do mit sie nit zů [Aiiii[b]] *rich werden, vnd vnglück dar vß entspring, wie me beschehen.*

Toute personne qui a un gagne-pain doit, dès qu'elle atteint l'âge de discernement, établir un testament et un inventaire de ses biens. Elle peut modifier ce testament aussi souvent qu'elle le souhaite, mais quand elle meurt, le testament le plus récent sera considéré comme faisant foi.
Sans la connaissance et l'accord du bailli, rien ne doit être légué aux institutions publiques, écoles, églises ou hôpitaux, afin qu'ils ne deviennent pas trop riches et qu'il ne résulte aucun effet malheureux de ces legs, comme cela a si souvent été le cas.

Von todten.

Des morts

Wann jemandts gstorben ist, soͤllen die naͤchsten fründ vnd nachburen den todten zů dem kirchoff mit irem gebaͤt fuͤren, vnd am sontag in der wochen soll man die todten verkünden vnd ein gemein gbaͤt für sy thůn, kein klag kleid für sy tragen vber.vij. tag by grosser bůß, man soll in nüt sunders nach thůn dann allmůsen vnd gebaͤt. All fyrtag soll man vermanen in allen predigen das volck, das man gern staͤrb, vnd welcher nit williglich stirbt, sol man nit begraben zů andren christen.

Lorsque quelqu'un est décédé, les parents proches et les voisins doivent conduire la personne décédée au cimetière en priant pour elle, et le dimanche suivant les noms des personnes décédées au courant de la semaine doivent être annoncés et une prière commune doit être faite pour eux. Sous peine de punition sévère, on ne devra pas porter de vêtements de deuil pendant plus de sept jours. On ne fera rien de spécial[51], hormis donner l'aumône et prier. Chaque jour de fête, on doit exhorter le peuple dans tous les sermons à mourir volontiers ; et quiconque refuse de consentir à sa mort ne sera pas enterré avec d'autres chrétiens.

51 L'auteur vise ici les messes privées célébrées pour les défunts.

Von sacrament empfahen.

Comment recevoir les sacrements

Alle fyrtag soll der pfaff haben bereit consecrierte hostien vnd kelch, wer woͤll mag das sacrament empfahen. Es ist nit not sundere beicht dem pfaffen do vor ze thůn. Keim offenlichen sünder, der in ergerlichem waͤsen laͤbt, sol man das sacrament geben, allen andern soll man es geben vnd nit nach ir bycht fragen.

Chaque jour de fête, le prêtre doit avoir préparé des hosties consacrées et un calice, et quiconque le souhaite peut recevoir le sacrement. Il n'est pas nécessaire de se confesser spécialement auprès du prêtre auparavant. On ne doit pas donner le sacrement à un pécheur notoire menant une vie scandaleuse. On doit le donner à tous les autres sans leur poser de questions au sujet de leur confession.

Welcher zů dem sacrament will gon, soll es thůn in gewisser hoffnung der barmhärtzigheit gots vber sein sünd, vnd das er woͤll erlangen hilff gots zů eim christenlichen laͤben. Vnd dise schickung ist gnůg do zů. Man sol allein halten fünff sacrament, Den touff vnd den lyb vnd blůt christi, absolutz, gebaͤt, fleissig betrachtung des wort gottes. Man soll allen verstendigen menschen das sacrament deß altars geben, es sy jung oder alt, vnd alein den verstendigen. Allen menschen soll man geben vnder beiden gestalten, vnd lege man ein roͤrlin yn den kelch, dar durch man das blůt christi trinck. Es soll ouch jederman frey sein, das er empfach das sacrament des altars, ob er woͤll.

Ceux qui souhaitent aller au sacrement doivent le faire avec l'espoir assuré que Dieu aura pitié d'eux et de leurs péchés et avec la volonté d'obtenir son aide pour mener une vie chrétienne. Cette préparation sera suffisante. Seuls cinq sacrements seront observés : le baptême, le corps et le sang du Christ, l'absolution[52], la prière et l'étude[53] diligente de la parole de Dieu. Le sacrement de l'autel sera donné à toutes les personnes arrivées à l'âge de raison, qu'elles soient jeunes ou âgées, et à elles seulement. On doit le donner à tout le monde sous les deux espèces[54] et on mettra une paille dans le calice, par laquelle on boira le sang du Christ[55]. Tout le monde doit être libre de recevoir le sacrement de l'autel selon qu'il le souhaite.

Die kind soll man touffen so bald sy geboren werden.

Les enfants doivent être baptisés immédiatement après leur naissance.

---

52 Il s'agit sans doute de l'absolution donnée à la suite d'une confession commune des péchés.

53 *Betrachtung.*

54 C'est-à-dire le pain et le vin. Depuis le XIIIe siècle, seule l'hostie, c'est-à-dire le pain, était donnée aux laïcs. Cette disposition fut confirmée par le Concile de Constance de 1415 à l'encontre d'une exigence de la part des hussites. Dans son *Prélude sur la Captivité babylonienne* de 1520, Luther dénonce la « captivité » de la cène dans laquelle seul le pain est donné aux laïcs.

55 La paille fonctionne comme un petit tuyau d'aspiration. Elle sert à éviter que le vin, sang du Christ, soit, par inadvertance, versé par terre.

Ein gemeine ordnung von der alten münch zal.

Une ordonnance publique concernant le nombre de moines âgés.

So das geschmeiß vnd vngeseüfer der pfaffen, münch vnd nunnen, die on zal sind worden, fuͤglich abgang, ist vnser verbot, man soͤll fürhin gar kein münch vnd nunnen lassen werden in zehen iaren, do mit die zal abnem, ouch kein pfaffen hie zwischen, lůg jeglichs vmb ein stand. Nach zaͤhen jaren soll man inen allen die prafant abkünden, vß genummen oben gemelte ordnung. Die alten oder krancken münch vnd nunnen soll man in gemaͤlte erliche spital thůn biß an ir end, also auch den pfaffen. Mit disem gebot entwichen wir allen pfaffen vnd machen sy wider leyen, vßgenomen zwen in jetlicher pfarr.

Afin que la vermine des prêtres, des moines et des moniales, dont le nombre a augmenté sans limite, soit dûment diminué, nous prescrivons, afin que leur nombre soit réduit, qu'il ne soit permis à personne, pendant dix ans, de devenir moine ou moniale ; de même, pendant ce laps de temps, personne ne doit devenir prêtre : que chacun trouve un [autre] état. Au bout de dix ans, tous les bénéfices seront supprimés à l'exception de ceux qui sont détaillés dans l'ordonnance ci-dessus. Les moines ou moniales âgés seront placés dans les hospices respectables mentionnés ci-dessus jusqu'à la fin de leur vie ; la même chose doit se produire pour les prêtres. Par ce décret, nous supprimons[56] tous les prêtres et nous en refaisons des laïcs, à l'exception de deux par paroisse.

[A$_5$] *Wo ettlich edle nunnen in kloͤstern sind, sol man sie zůsamen samlen al weg fünffzig in ein kloster, vnd soͤllen fry frawen stand halten biß sie absterben, oder man nemen. Also auch sol man die richen spital pfründ geben den edlen pfaffen.*

Là où plusieurs moniales nobles se trouvent dans des couvents, elles doivent être rassemblées par groupe de cinquante dans un [même] couvent, et là elles auront le statut de femmes libres jusqu'à ce qu'elles meurent ou se marient. De même, on doit donner les prébendes des hospices fortunés aux prêtres nobles.

Wir ordnen yn eim jetlichen bistům ein Collegium für mannlich person begobt mit gůter narung für der achtburger oder leüt kind, die arm oder kranck sind, man soll eim ein jar.xx vnd hundert guldin zů narung geben. Sie soͤllen fry sin on alle gsang vnd regel. Ein jetlicher habe sein besunder gemach

Nous ordonnons que soit institué dans chaque évêché un collège pour hommes, bien doté en moyens de subsistance, pour les enfants de bourgeois notables[57] ou de ceux qui sont pauvres ou malades ; on doit leur donner 120 florins par an pour subvenir à leur nourriture. Ils seront libres, sans liturgie

56 *Entwichen.*

57 *Achtburger* : bourgeois notables ou *Vollbürger*, siégeant au conseil de certaines villes comme Bâle ou Mulhouse. Dans ces villes, ils étaient huit sur douze ; les autres étaient nobles.

vnd knecht, vnd einer auß in soll der hußvatter sein.

Ein solich Collegium ordnen wir auch für edle junckfrawen oder witwin, für achtburgern, einer soll man jaͤrlich geben hundert guldin, jetliche soll haben innerhalb der maur des Collegium ein sunder heüßlin, eine soll hußmůter sein vber die anderen, sie moͤgen man naͤmen.

ni règle. Chacun aura sa propre chambre et un domestique, et l'un d'entre eux sera le maître de maison.
Nous ordonnons qu'un tel collège soit institué pour les jeunes filles ou les veuves nobles, pour des membres de familles notables. On doit leur donner 100 florins par an. À l'intérieur des murs du collège, chacune doit avoir sa propre petite maison, et l'une d'entre elles sera la maîtresse de maison, ayant autorité sur les autres. Elles pourront se marier.

Von den dorff Pfarren.

Kein dorff soll ein Pfarrer haben, es hab dann fünffhundert verstendig personen. So vil doͤrffer soͤllen in ein pfarr kirchen pfarren, biß sie machen ein zall fünffhundert verstendiger personen. So.iiij. oder.v. flaͤcken in ein pfarr gehoͤren, sol doch jetlichs doͤrfflin ein capell haben, do inn man soll all fyrtag (so sie nit moͤgen in die pfarr kummen von wegen mercklicher hindernüß) inen vorlaͤsen das.v. vj. vij. Capittel des ewangeli Matthei, vnd das also. Welche vß mercklicher hindernüß nit moͤgen in die pfarr gon, soͤllen in ir Capell zůsamen kummen vnd do baͤtten am fyrtag am morgen, vnd dann sol der meßner vff ston vnd die obgemelten Capittel offentlich laͤsen, dann in dysen drien capitlen ist begriffen alle ewangelische gesatz. Auch soll jetlichs doͤrfflein ein Diacon haben an stat eines meßners, der sol auch den krancken das sacrament bringen, so man den pfaffen nit haben mag.

Des paroisses de village

Aucun village ne doit avoir de curé, à moins qu'il ne compte cinq cents personnes d'âge de raison. Pour constituer une paroisse, on réunira autant de villages que nécessaire pour avoir cinq cents personnes d'âge de raison. Si quatre ou cinq hameaux[58] appartiennent à une paroisse, chaque petit village doit avoir une chapelle dans laquelle les gens se rassembleront tous les jours de fête, dans le cas où des empêchements évidents les retiennent de fréquenter l'église paroissiale, et on lira devant eux les chapitres cinq, six et sept de l'évangile selon Matthieu[59], et voici comment on fera : Ceux qui ne peuvent pas aller à l'église paroissiale en raison d'empêchements évidents se rassembleront dans leur chapelle le matin des jours de fête et prieront là, et le sacristain se lèvera et lira à haute voix les chapitres mentionnés ci-dessus, car dans ces trois chapitres est contenue toute la loi évangélique. C'est pourquoi, chaque village doit avoir un diacre qui fait office de sacristain, qui apportera le sacrement aux malades, si on ne peut pas avoir de prêtre.

58 *Flaͤcken.* Tantôt ce terme désigne un bourg, et tantôt simplement une agglomération plus ou moins grande ou petite. *Cf.* note 16.

59 Ces chapitres contiennent le Sermon sur la montagne.

Jetlichs doͤrfflein soll für sich saͤlbs ein eigen kirchoff haben.
Man soll vermanen die schůlherren, das sy etwan am fyrtag gangen yn ein arm doͤrfflin vnd den pawren etwas gůts von got sagen.

Chaque village aura son propre cimetière.
On doit exhorter les enseignants à aller de manière occasionnelle, lors des jours de fête, dans un village pauvre et à dire aux paysans quelque chose de bien sur Dieu.

Hie merck

À noter ici

Obgemaͤlte ordnung betraͤffend die zal jar, dar inn wir lassen [A_5^b] *absterben die münch, begreifft nit die baͤttell oͤrden, dan die selben woͤllen wir vff disen tag ab thůn.*

Les prescriptions mentionnées ci-dessus concernant le nombre d'années durant lesquelles nous laisserons les moines s'éteindre progressivement ne concernent pas les ordres mendiants, car nous voulons dissoudre ceux-là immédiatement.

Vom gebaͤt.

De la prière

Wir verbieten by kopff abhowen, das man das volck kein ander gebaͤt lere dann das heilig pater noster.

Man soll es auch nit meer dann den gemeinen glouben leren, so man gewonet hat zů baͤtten.

Auch soll in der kirchen weder symbolum Athanasij noch Nicenum gesungen werden, allein Apostolorum.

Alle psalterlin, kron gebaͤt, rosenkraͤntz, hortulus anime, paradisus anime vnd solich baͤtbuͤchlin,

Nous interdisons, sous peine de décapitation, que l'on enseigne aux gens une autre prière que le saint Notre-Père[60].

En outre, on ne doit pas leur apprendre autre chose que la confession de foi ordinaire, celle que l'on a l'habitude de prier.

Aussi, à l'église, ne doit-on chanter ni le symbole d'Athanase ni celui de Nicée[61], mais seulement celui des Apôtres[62].

Tous les « petits psautiers[63] », « couronnes de prières[64] », rosaires, « Jardinets de l'âme », « Paradis de

60 Le *Quatrième Confédéré* d'Eberlin traite plus explicitement de la prière. Il recommande en particulier la prière libre par le pasteur.

61 Il s'agit du Symbole de Nicée-Constantinople.

62 Le Symbole des apôtres ne remonte pas tel quel aux apôtres. Certaines formulations du texte actuel apparaissent dès le IIe voire le IIIe siècle. Elles furent rassemblées dans une confession de foi utilisée à Rome au IVe siècle pour l'enseignement des catéchumènes et la célébration baptismale. Proche du texte actuel, elle a repris des éléments essentiels du message des apôtres.

63 C'est le rosaire complet composé de 150 *Ave Maria* et d'une prière en l'honneur de Marie comportant des extraits de psaumes.

64 Il s'agit d'une prière du rosaire comportant 33 « Notre Père » (chiffre de l'âge atteint par le Christ) et 5 *Ave* (chiffre rappelant les 5 blessures du Christ).

alle pfaffen breuier soll man ab thůn vff disen tag.

l'âme[65] » et les livres de prière de ce genre doivent être supprimés immédiatement, ainsi que tous les bréviaires des prêtres[66].

Von helgen bilden.

Des images de saints[67]

Kein gegossen, geschnitzt, gehowen bild soll yn der kirchen sein. Alle bild soͤllen flach gemalt sein. Kein helgen bild sol sein yn der kirchen dann deren helgen, von denen meldung geschicht in biblischen buͤcheren.
Kein kostlich bild oder gemaͤld soll sein in der kirchen.

Il ne doit y avoir dans l'église aucune statue coulée, taillée ou sculptée. Toutes les images doivent être plates et peintes. Il ne doit y avoir aucune image de saints dans une église, sauf les saints qui sont évoqués dans les livres bibliques.
Il ne doit pas y avoir d'image ou de peinture de valeur dans les églises.

Von kirchen gezierd.

De la décoration des églises

Man soll weit kirchen buwen vnd starck, alle sundere kostlichen soll von der kirchen ab sein.
On den kelch vnd das roͤrlein im kelch vnd paten soll kein silber noch gold in der kirchen sein.
Kein edel gestein, kein maͤß gewand, dann allein für zwen pfaffen, soll gmein tůch gebraucht werden zů maͤß gewand, doch mag man die farw aͤnderen.

Es ist nit zimlich, das man kostlich ding yn der kirchen christi bruche, do man leret solichs verachten.

Man soll in der kirchen nit laͤsen, singen, leren, dann das yn den Biblischen buͤchern geschriben ist.
Wir verbieten, das kein nunn noch andere frawen für hin offentlich singen vnd laͤsen yn der kirchen.

On doit construire des églises spacieuses et solides et toute décoration précieuse doit en être absente.
À l'exception du calice, de la paille dans le calice et de la patène, il ne doit pas y avoir d'argent ou d'or dans l'église.
Il ne doit pas y avoir de pierres précieuses ni de vêtements liturgiques sauf pour deux prêtres ; on utilisera uniquement des vêtements en tissu ordinaire pour les vêtements liturgiques, bien que les couleurs puissent varier.
Il ne convient pas de faire usage d'objets précieux dans l'église du Christ où on enseigne à dédaigner ce genre de choses.
À l'église, on ne doit ni lire, ni chanter, ni enseigner autre chose que ce qui est écrit dans les livres bibliques.
Nous interdisons désormais qu'une nonne ou toute autre femme chante ou lise publiquement dans l'église.

65 Titre souvent utilisé depuis la fin du xve siècle pour désigner des livres de prière et d'édification.

66 Livre liturgique contenant des psaumes, des hymnes, des lectures, des prières et toutes sortes d'instructions.

67 Le mouvement évangélique a conduit en certains lieux comme à Zurich à retirer les images et les statues des églises.

Uon Walferten.

Keiner soll zů den helgen gon mit dem baͤttel. Keiner soll auch on den baͤttel zů den helgen gon, er soll vor vrloub haben von seim pfarrer vnd vogt in geschrifft. Ist er rych, soll er vmb ein vrloub geben.x. gulden. Ist er arm soll er eim ge-[A_6]*meinen flaͤcken.x. tag alein vmb die spyß arbeiten vmb ein vrloub.*

Des pèlerinages[68]

Personne ne doit faire un pèlerinage en mendiant. Personne ne doit non plus faire de pèlerinage, même sans mendier, à moins d'y être autorisé par écrit par son curé et son bailli. S'il est riche, il doit payer dix florins pour obtenir cette autorisation. S'il est pauvre, il doit effectuer un travail d'intérêt commun dans un bourg pendant dix jours en ne recevant que sa nourriture en guise de salaire pour obtenir cette autorisation.

Vom Roͤmschen stůl.

Keiner soll me vß vnserem land gen Rom gon, weder vß nutz noch vß andacht, do mit nit vnser volck Endchristisch werde vnd erger dann Sodoma vnd Gomorra.

Keiner soll den Roͤmischen byschoff für vnseren ordenlichen oberen halten noch nennen.

Alle byschoff vnsers landes soͤllen jaͤrlich zůsamen kummen ein mol vnd do von christlichem regiment tractieren, vnd der byschoff inn deß bistůmb die samlung ist, soll die erst stat haben. Solich samlung soll nit allwegen an einem ort sein, sunder vmb gon.

Du Saint-Siège

Personne ne doit plus quitter notre pays pour aller à Rome, ni pour des affaires ni pour des raisons spirituelles, afin que notre peuple ne succombe pas à l'Antéchrist et ne soit pas plus corrompu que Sodome et Gomorrhe.

Personne ne doit considérer l'évêque de Rome comme notre supérieur légitime, ni l'appeler ainsi[69].

Tous les évêques de notre pays doivent se rassembler une fois par an et, là, discuter des affaires ecclésiastiques ; l'évêque du diocèse dans lequel se passe la rencontre doit présider l'assemblée. Ces rassemblements ne doivent pas avoir lieu toujours au même endroit, mais être itinérants.

Von schůlen.

Kein Scolasticus doctor soll für hin gelaͤsen werden dann allein zů verachtung.

Des écoles

Désormais, aucun écrit de docteur scolastique ne doit être traité en cours, sauf pour les mépriser.

---

68 Voir à ce sujet la critique de Luther dans l'écrit *À la noblesse allemande* (Luther, 1999, p. 631-632).

69 L'hostilité à l'égard de Rome et de la papauté est présente en Allemagne dès avant la Réformation. De son côté, dans son écrit de 1520 *De la papauté de Rome* (Luther, 1999, p. 534-588), Luther s'en prend à la prétention de Rome d'exercer une autorité absolue dans le domaine spirituel. Dans son écrit *À la noblesse allemande* (Luther, 1999, p. 652), il lance au pape : « C'est Satan le Malin qui ment par la voix et par la plume. » Il stigmatise « les calamités que les papes ont provoquées ».

Alle pfaffen gsatz oder decretal soͤllen offentlich verbrant werden.	Toutes les lois ecclésiales et les décrétales doivent être publiquement brûlées[70].
Kein Philosophy soll gelesen werden, dann allein wie Didimus fauentinus gelert hat in siner oration wider Thomam placentinum.	On ne doit enseigner aucune philosophie, sauf ce que Didymus Faventinus[71] a enseigné dans son discours contre Thomas Placentinus.
Latin, Grecum, Hebraicum soll in allen schůlen gelert werden, all tag soll man zwo letzgen haben in ewangelischem gesatz.	Le latin, le grec et l'hébreu doivent être enseignés dans toutes les écoles ; chaque jour, on doit consacrer deux leçons à la loi évangélique.
Ein beschluß.	Conclusion
Solich vnser satzung woͤllen wir ernstlich gehalten werden by straff anfencklich gemaͤldet, do zů soͤllen ir eüch all schicken. Datum in vnserer stat Baldeck vff den.xxxv. tag vbelis. jm jar als Ostern vff den Montag gfiel.	Nous voulons que ces statuts, auxquels vous tous devez vous soumettre, soient sérieusement appliqués sous peine des sanctions annoncées au début. Daté de notre ville de Baldeck, le 35e jour d'Ubelis[72], l'année où Pâques tomba un lundi.
O christen mensch das nun zů haͤrtz, *Laß dirs nit sein ein faßnacht schaͤrtz.*	Ô chrétien, prends ceci à cœur, Que ce ne soit pas pour toi une plaisanterie de carnaval.
Dann soll der recht gloub wider kon, *So můß deß mißbrauchs vyl ab gon,*	Pour que la vraie foi revienne, Et que de nombreux abus soient supprimés,
Vnd ouch die münch allsand vertriben, *Dann mag der gloub yn syr krafft bliben :*	Que tous les moines soient chassés, Alors la foi pourra, dans sa force, demeurer :
Zeit bringt roͤßlin.	Le temps apporte des roses.

70 Luther a brûlé le droit canon et une bulle du pape le 10 décembre 1520.

71 Il s'agit d'un pseudonyme utilisé par Melanchthon en février 1521 dans son écrit contre le dominicain romain Thomas Rhadinus, originaire de Piacenza, d'où le nom Placentinus. Rhadinus avait publié un écrit par lequel il voulait fonder théologiquement la bulle papale contre Luther.

72 On relèvera la forme utopique et imaginaire de cette conclusion. Baldeck n'est pas une localité connue et fait peut-être référence à une chose qui viendra bientôt *(bald)*. Le mois de 35 jours Ubelis désigne-t-il un « mal » *(Übel)* devenu impossible ? Et l'année où Pâques tombe un lundi n'existe pas.

Figure 2. Page de titre du *XI*[e] *Confédéré* (édition de Bâle, 1521). Johann Eberlin von Günzburg, *Ein newe ordnung weltlichs standts das Psitacus anzeigt [...]*, Titelblatt (UB Basel, FL VII 14:7:11).

Der.XI. bũdtgnoß

Ein newe ordnũg weltlich stãdts das Psitacus anzeigt hat in Wolfaria beschriben.

[Ai^b] *Ich elffter bundts gnoß will eüch fürhalten was Psitacus sagt, das die regenten betracht haben in Wolfaria ein ordnung zů machen in weltlichem stand, wie wol sie solichs noch nit beschlossen haben, alein aber angeschlagen, dann sie bedoͤrffen nit im selben land kein ordnung machen für gemeine stat vnd dorff, man sol vorhin solich ordnung vmbfuͤren in alle vogtyen vnd das volck fragen ob es im gefall, dannocht will ich eüch iren anschlag nit verhalten.*

Le Onzième Confédéré

Une nouvelle ordonnance concernant l'état temporel, rédigée à Wolfaria, comme Psitacus l'a décrite.

Moi, le onzième confédéré, je vais vous présenter ce que Psitacus dit sur les réflexions des dirigeants en vue d'établir une ordonnance concernant les affaires temporelles à Wolfaria, même si celle-ci n'a pas encore été adoptée, mais seulement proposée ; car dans ce pays on ne doit pas promulguer d'ordonnances pour toutes les villes et tous les villages avant qu'elles n'aient été rendues publiques dans tous les bailliages et que l'on ait demandé au peuple si elles lui conviennent. Néanmoins, je ne vous tairai pas leur projet.

Anfang.

Kaͤin eerlichere arbeit oder narung soll sein dann ackerbaw. Aller adel soll sich neren vom ackerbaw.

Ein jetlich doͤrfflein soll haben ein edelman, der sol als vil ackerfeld haben, als vyl zwen pfluͤg moͤgen buwen, der selb sol schultheiß im doͤrfflein sein. So vyl doͤrfflein das sie zwey hundert hoffstet machen, soͤllen ein ritter zů eim vogt haben. Der selbig vogt soll alle monat beruͤffen alle schultheiß vnd auß jetlichem doͤrfflin ein ratsman von der burschafft, vnd mit inen recht sprechen vber noturfftig klag der vnderthon.

Commencement

Il n'y aura pas de travail ou gagne-pain plus honorable que le travail des champs. Tous les nobles assureront leur subsistance par le travail des champs[73]. Chaque village aura un noble qui aura autant de champs que deux charrues permettent d'exploiter. Ce noble sera l'écoutète[74] du village. Autant de villages que nécessaire pour atteindre [le nombre de] 200 fermes auront un chevalier comme bailli. Tous les mois, ce bailli rassemblera tous les écoutètes, de même qu'un conseiller par village, issu de la paysannerie, et il rendra avec eux un jugement sur les plaintes légitimes des sujets.

---

73 La valorisation du paysan et de l'agriculture apparaît dans de nombreux pamphlets de l'époque tels que le *Karsthans*. Ce dernier écrit oppose la sagesse du paysan, ouvert au message de Luther, au savoir prétentieux de son fils. Pour Eberlin, c'est par le travail dans les champs et non sur la base d'autres sources de revenus que doivent vivre les nobles. Il propose que les paysans soient associés au pouvoir dans les villages.

74 Le mot *Schultheiss*, traduit par « écoutète » et plus récemment par « prévôt », désigne au Moyen Âge dans les pays germaniques un officier seigneurial chargé des attributions judiciaires et de police, qui ailleurs étaient dévolues aux prévôts ou aux baillis.

Jetliche vogty soll ir selbs aigne recht, die in nutz sind, ordnen vnd sölich recht söllen ir bestätigung nemen von allem volck der vogty, so man sy vorhin darum personlich erfragt hat.	Chaque bailliage élaborera ses propres lois, profitables à ses habitants, et ces lois seront ratifiées par tous les gens du bailliage après qu'on leur aura demandé personnellement leur avis à leur sujet.
Jetliche stat soll ob gemelter vogtien zehen vnder ir haben, wo sie die selben nit haben mag, soll sy ein castell genant sin vnd kein stat.	Chaque ville aura dix de ces bailliages sous sa juridiction. Cependant, si elle ne peut pas atteindre ce nombre, elle sera appelée bourg[75] et non ville.
Die Castell söllen haben ein oberen man, der ein fryherr sol sein.	Chaque bourg aura un magistrat qui sera un baron[76].
Einer stat oberhandt soll ein graff sein.	Celui qui détient l'autorité dans une ville sera un comte.
Zehen stett sůllen ein houptman haben, der soll ein hertzog sein oder ein fürst.	Dix villes seront dirigées par un duc ou un prince.
Kein oberhand soll gewalt haben etwas zů thůn on hylff vnd rat deren, so vom hauffen der vnderthon dar zů gesatzt oder geordnet sind.	Aucune autorité n'exercera son pouvoir sans l'aide et sans le conseil de représentants établis ou mandatés par l'ensemble[77] des sujets.
Jetlich castel, stet, fürstenthům, soll für sich selbs nützlich gebot vnd recht machen vnd do by bliben.	Chaque bourg, ville ou principauté devra élaborer ses ordonnances et ses lois propres qui lui soient utiles, et s'y tenir.
[Aii] *Vnder allen fürsten sol einer vß in genant werden küng, der auch nicht vermög on rat vnd hylff der fürsten.*	Parmi tous les princes, l'un sera appelé roi qui ne pourra, lui non plus, décider quoi que ce soit sans le conseil et l'aide des princes.
Kain schultheiß, vogt, fryherr, graff, fürst, künig, sol etwas sunders haben vom ampt, aber allen seinen dienst sol er thůn zů trost vnd hilff auch fürdernüß ains gmeinen nutz. Doch soll man sie von eim gemeinen nutz besolden, nach grösse ir arbeit.	Aucun écoutète, bailli, baron, comte, prince ou roi ne devra tirer un quelconque avantage de sa charge, mais il accomplira tous ses devoirs pour le réconfort et le soutien de ses sujets, ainsi que pour favoriser le bien commun. Cela étant, il sera entretenu financièrement par la caisse commune, selon la mesure de son travail.
Kain obgemelter amptman soll sunderen hoff halten von ampts wegen, dann als vyl er zů seim aigen hußhalten bedarff.	Aucun des officiers publics mentionnés ci-dessus n'aura de biens et de domesticité particuliers liés à sa charge à l'exception de ce qui est nécessaire pour subvenir à son propre foyer.

75 En allemand : *Castell.*

76 En allemand : *Fryherr.* « Baron » désigne un membre de la haute noblesse de rang non comtal.

77 En allemand : *hauffen.*

So ein amptman hylff bedarff für gemeinen nutz, söllen die vnderthonen zů im setzen lyb vnnd gůt, also das er allzyt der erst vornen dar an sey.

Si un officier public a besoin d'aide pour le bien commun, tous les sujets mettront leur personne et leurs biens à son service, et lui-même sera toujours en première ligne.

In allen räten söllen als vyl edelleüt als baurßleüt sitzen.

Autant de nobles que de paysans siègeront dans tous les conseils.

Vom eelichen stand.

De l'état du mariage

Wir ordnen, all offenlich eebrächer söllen getödt werden.

Nous ordonnons que toutes les personnes manifestement convaincues d'adultère soient mises à mort[78].

Kain obgemelt ampt sol geerbt werden, aber wirt von allen vnderthonen ein fründ oder sun vff sine fründ oder vatter erwelt, mag man es liden.

Aucune des charges mentionnées ci-dessus ne doit être héréditaire, mais si un ami, un fils d'ami ou le père d'un ami [d'un officier public] est élu par tous les sujets, on peut le tolérer.

Vom zů trincken.

Boire à la santé[79]

Alle offentliche zů trincker söllen ertrenckt werden.

Tous ceux qui boivent à la santé de quelqu'un en public doivent être noyés.

Gotslesterer.

Les blasphémateurs[80]

Welcher anderst schwert dann warlich oder by got, sol offentlich mit růten geschlagen werden.

Quiconque jure autrement que « par la vérité » ou « par Dieu » doit être battu de verges en public.

Nachreder.

Les médisants

Welcher den anderen schmächt oder an sein eer redt, soll offentlich geschmächt werden.

Quiconque outrage autrui ou porte atteinte à son honneur doit être déshonoré publiquement.

---

78 La mesure proposée est sévère. À Strasbourg, selon une Ordonnance de 1529, l'adultère était puni de quatre semaines d'emprisonnement, au régime du pain et de l'eau, et d'une amende de cinq livres. La peine était doublée en cas de récidive et comportait alors la perte des droits civiques par l'homme. En 1600, un exergue d'un registre de mariage rappelle que « Dieu jugera les impudiques et les adultères ».

79 Le *Zutrinken*, que l'on peut rapprocher du terme français « trinquer », était depuis très longtemps une pratique chez les Allemands. Elle consiste à lever son verre pour toutes sortes de célébrations. Cela pouvait finir par une soûlerie générale.

80 Le blasphème est lui aussi puni. L'Ordonnance strasbourgeoise de 1529 étend la notion de blasphème au mépris de la parole de Dieu, de la cène, du baptême, de la Vierge et des saints.

Vom spyl.

Allen iungen soll verbotten werden alle karten vnd würffel spyl vmb gaͤlt oder gaͤlts waͤrt. allein soll in das braͤtspyl zů eier kurtz weil erloubt sein.

Die alten moͤgen spilen zů zimlichen zyten, doch vber ein krützer in ein schantz nit halten.

Kain spil soll geschaͤhen dann an eim ort, do man die spiler mag sehen, do man für gadt.

Vom thantzen.

[Aii[b]] *Alle wochen soll ein tag sin, dar an man nach mittag dry stund moͤg thantzen an eim offentlichen ort, man vnd fraw miteinander, wer do will sein.*

Kein eeman soll thantzen dann mit siner angebornen basen, oder mit seim eewyb. Also sag ich auch mit den eefrawen.

In geberden vnd springen vnd lieder oder pfyffen soll erberkeit gehalten werden on alle schamperkeit, das meer kurtz weil dann lychtfertigkeit do gesůcht, werde.
Vber dry stund soll solich froͤid nit waͤren.

Zů der Ee gryffen.

Alle menschen moͤgen zů der ee gryffen mit einander on alle hindernüß, welche im gesatz moysi früntschafft oder gesybschafft halb nit verhindert sind.

Des jeux

On doit interdire à tous les jeunes de jouer aux cartes ou aux dés pour de l'argent ou des biens de valeur. Seuls les jeux de plateau[81] doivent être permis en guise de divertissement.

Les adultes peuvent jouer à ces jeux aux moments appropriés, mais les mises ne doivent pas dépasser un kreutzer[82].

Tous les jeux devront avoir lieu exclusivement à un endroit où on peut voir les joueurs en passant.

De la danse

Chaque semaine, on doit réserver un jour pour danser, où les hommes et les femmes qui le veulent peuvent danser ensemble pendant trois heures, l'après-midi, dans un lieu public.

Un homme marié ne doit danser avec personne, si ce n'est avec quelqu'un de sa propre famille ou sa femme. Je dis la même chose pour les femmes mariées.

Dans les gestes et les sauts, dans les chansons et la musique, la décence doit être maintenue, sans aucune inconvenance, de sorte que le divertissement soit recherché plutôt que la frivolité.
Ces réjouissances ne doivent pas durer plus de trois heures.

Comment se marier

Tout le monde peut se marier avec qui il veut sans aucune entrave dans la mesure où ce n'est pas interdit dans la loi de Moïse en raison de liens de parenté.

---

81 Il s'agit en particulier du jeu de dames et du jeu d'échecs.

82 Le *kreutzer* est utilisé dans les États du sud du Saint Empire romain germanique. Au milieu du XVIe siècle, il vaut un peu plus de quatre *pfennigs*. Un florin *(Gulden)* équivaut à 60 *kreutzer* et 252 *pfennigs*.

Die pfaffen soͤllen eintweders ee wiber haben, oder aber kein wiber.

Les prêtres auront une épouse ou seront célibataires.

Vom rat oder gericht.

Du conseil ou du tribunal

In ainer stat soͤllen.xxx. man in rat gon, der graff soll sin an stat des burger meisters.

Dans une ville, le conseil doit être composé de trente hommes, et le comte en sera le bourgmestre.

In eim castell sollen.xv. man zů rat gan, vnd der fryherr soll ir burgermeister sein.

Dans un bourg, le conseil doit être composé de quinze hommes, et le baron en sera le bourgmestre.

Kauffmanschatz.

Le commerce

Alle fuckery soll ab gethon werden.

Toute tromperie[83] sera supprimée.

In keiner geschellschafft soͤllen meer dann dry sein.

Il ne doit y avoir plus de trois membres dans aucune compagnie commerciale.

Kein wein der in vnserem land nit wechßt, soll haͤrin gefuͤrt werden.

Aucun vin non cultivé dans notre pays ne doit être importé.

Kain tůch das in vnserem land nit gemacht wirt, soll haͤrin gefuͤrt werden.

Aucun tissu non fabriqué dans notre pays ne doit être importé.

Kain frucht die in vnserem land nit wechßt, soll haͤrin gefuͤrt werden, man můß es dann zů grosser lybs not haben.

Aucun produit alimentaire non cultivé dans notre pays ne doit être importé, sauf pour des besoins pressants du corps.

Spyß vnd tranck.

La nourriture et la boisson

Allerley spyß vnd tranck soll allen menschen erloubt sin zů aller zyt, kain münch noch pfaff soll für hin ein intrag machen. Doch mit der fasten soll sein, wie im geistlichen regiment.

Il sera permis à tous de consommer toute forme de nourriture et de boisson en tout temps. Désormais, aucun moine ou prêtre ne doit s'y opposer. Cependant, on traitera la question du jeûne comme dans le droit ecclésiastique.

Vom Alment.

De la propriété communale

Gewild, voͤgel vnd vysch soll jederman gemein sin für sin not zů fahen wer es vermag.

Le gibier, les oiseaux et les poissons relèveront du bien commun que chacun peut attraper selon son besoin et sa capacité.

Holtz soll jederman gemein sein zů hawen, doch nützlich.

Le bois relèvera du bien commun que chacun peut couper, mais seulement à des fins utiles

83 Eberlin interdit la *Fuggerei*, du nom de la richissime et célèbre famille de l'époque, les Fugger. Le texte vise des prêts usuraires pratiqués par certaines banques.

[Aiii] *Brot vnd wein.*	Le pain et le vin
So vyl brot soll man vmb ein helblin geben, als vil ein starck man vff ein imbiß mag essen.	Pour un demi-pfennig[84], on doit pouvoir acheter assez de pain pour constituer un repas suffisant pour un homme fort.
Ein moß wein soll vmb ein kreützer gekoufft werden.	Une mesure de vin doit coûter un kreutzer.
Ein maß soll so groß sein, das zwey menschen vff ein jmbiß gnug haben, die vernünfftig trincken wellen.	Une mesure doit être suffisante pour accompagner un repas de deux personnes buvant avec modération.
Baͤtler.	Les mendiants[85]
Kain baͤttler sol in vnserem land sein, aber für arme leüt soll all fyrtag in gemeiner kirchen geben werden was got jetlichs vermanet, das vberig soll von gemeinem seckel der stat ersetzt werden.	Il ne doit pas y avoir de mendiants dans notre pays. Cependant, chaque jour de fête, on doit donner pour les pauvres à l'église paroissiale autant que Dieu prescrit à chacun ; le reste sera alimenté par la caisse commune de la ville.
Ein vogt vnd gericht vnd alle obern soͤllen grossen fliß für die armen haben.	Le bailli et le tribunal et tous les officiers publics doivent s'occuper des pauvres avec application.
Man soll solichs nit befaͤlhen den pfaffen, dann sie den armen vntrew sind, vnd lůgen wie das gůt inen werd, do haͤr kumpt alle richtumb, die biß haͤr der münch vnd pfaffen ist gesin, dann man hat sie erstlich den armen geben, der schafner solten sy sin gewaͤsen.	Cette tâche ne doit pas être confiée aux prêtres, car les prêtres ne sont pas dévoués aux pauvres et ils mentent afin que les biens leur reviennent. De cela ont résulté toutes les richesses qui appartenaient aux moines et aux prêtres jusqu'à ce jour. À l'origine, ces richesses avaient d'abord été données aux pauvres dont les prêtres et les moines devaient être les administrateurs.
Allen armen, die das almůsen niessen, soͤllen merckliche zaichen tragen.	Tous les pauvres qui recevront l'aumône porteront un signe distinctif.
Von handtwercken.	De l'artisanat
Vor allen dingen soll man weren, das kein vnütz handtwaͤrck in vnserem land sy.	Par-dessus tout, on doit s'assurer qu'il n'y ait pas d'artisanat inutile dans notre pays.

84 Un florin équivaut à 120 *pfennigs*, et un *helblin* vaut un demi-*pfennig*.

85 Au XVIe siècle, en particulier dans les villes passées à la Réformation, on a combattu la mendicité en valorisant le travail, en sévissant contre les mendiants qui auraient pu travailler, et en expulsant les mendiants étrangers.

Man soll verhuͤten, das auch nütze handtwaͤrck nit vbersetzt werden, das nit meer meister dann knecht syen.	On doit aussi empêcher que l'artisanat utile se multiplie excessivement afin qu'il n'y ait pas plus de maîtres que de serviteurs.
Kain eerlichere narung soll gehalten werden dann faͤld buwen vnd ysenschmid handtwerck.	Aucun gagne-pain ne sera considéré comme plus honorable que le travail agricole et le métier de forgeron.
Vom krieg.	De la guerre
Kein krieg soll gefuͤrt werden on rot aller fürsten vnsers landts.	Aucune guerre ne sera menée sans consultation de tous les princes de notre pays.
Kain büchßse soll für hin gehabt werden.	Désormais, personne ne doit détenir des armes à feu[86].
Im krieg soͤllen die edelleüt vornen dar an sein, vnd houptleüt im faͤld sein.	En temps de guerre, les nobles doivent être en première ligne et les officiers doivent être sur le terrain.
Im krieg soll man schonen aller frawen, kind vnd krancken.	En temps de guerre, on doit épargner les femmes, les enfants et les malades.
Im krieg soll man den ackerbaw nit hinderen.	En temps de guerre, on ne doit pas empêcher le travail agricole.
Alle ackerleüt vnd pfaffen soͤllen fry sein.	Tous les fermiers et les prêtres doivent être exemptés de service militaire.
Wann man kriegen will, soll ein jetliche vogty ein priester mit [Aiii^{b}] *inen fuͤren, vnd so man schlagen will, soͤllen alle priester neben auß tretten vnd nider fallen vff die knew vnd got vmb ein gnedigen friden bitten.*	En allant faire la guerre, chaque bailliage doit prendre avec lui un prêtre et quand la bataille est sur le point d'être engagée, tous les prêtres doivent sortir du rang, tomber à genoux et prier Dieu pour une paix favorable.
Man soll kein krieg fuͤren vmb witerung oder außspreitung vnsers landts.	Aucune guerre ne doit être entreprise pour agrandir ou étendre notre pays.
Im krieg sol man nit brennen.	En temps de guerre, on ne doit pas incendier.
Man sol kein gotshauß schedigen oder berouben by verlierung des lybs.	Sous peine de mort, les églises ne doivent pas être endommagées ou pillées.
Von den baͤrg schlossen.	Des châteaux forts
Kain paur oder vnedler soll fürhin vff eim baͤrg schloß sitzen, alain die edlen.	Aucun paysan, ni aucune personne qui n'est pas noble ne doit occuper un château fort ; seuls les nobles [le peuvent].

86 En allemand, *büchsse* renvoie à tout type d'armes à feu, pas seulement à l'artillerie.

Kein bårg schloß soll für hin zerstört werden.	Désormais, aucun château fort ne doit être démoli.
Kain new bårg schloß soll gebuwen werden, doch soll man die alten ernüweren.	Aucun nouveau château fort ne doit être construit, mais les vieux châteaux forts doivent être restaurés.
Von den heüseren vnd gebüwen.	Des maisons et des bâtiments
In allen stetten söllen jetliche handtwårck sundere gassen haben.	Dans toute ville, chaque type d'artisanat doit avoir ses rues dédiées.
Kain vbermåssig kostlich hauß soll gebuwen werden, außgenummen gemeine hüser, als das radthauß, kouffhaus, badhauß, schůl, kurtzweil hüser ꝛc.	On ne doit pas construire de maisons excessivement somptueuses à l'exception des bâtiments publics tels que l'hôtel de ville, le marché, les bains, l'école, les bâtiments servant au divertissement, etc.
Weit gassen söllen in stetten sein.	Dans les villes, les rues doivent être larges.
Vom badhauß.	Des bains
Alle mann vnd knåblein söllen haben ein sunder bad hauß.	Tous les hommes et les garçons disposeront d'un établissement de bains spécifique.
Alle frawen vnd mågdlein söllen haben ein sunder bad hauß.	Toutes les femmes et les filles disposeront d'un établissement de bains spécifique.
In jetlichem bad hauß soll sein ein schweiß bad vnd wasser bad, wieß ein jetlichs haben wil.	Dans chaque établissement de bains, il doit y avoir un bain de vapeur et un bain d'eau afin que chacun puisse choisir comme il veut.
Vom bart.	Du port de la barbe
Alle mann söllen by grosser pein lang bårt tragen, kainer soll sein angesicht glat haben wie ein wyb.	Sous peine de sanction sévère, tous les hommes doivent porter de longues barbes ; aucun homme ne doit avoir le visage lisse comme une femme.
Es soll ein schmach sein kain bart tragen.	Ce sera un déshonneur que de ne pas porter la barbe.
Alle man söllen kurtz vngepflantzt hor tragen.	Tous les hommes auront les cheveux courts, sans ajouts[87].

87 *Ungepflantzt.*

Von kinden.

Des enfants

Alle kind, maͤgdlin vnd knaͤblin, soll man im dritten jar irs alters zů schůl thůn, biß sie acht iar alt werden.

Tous les enfants, filles et garçons, doivent fréquenter l'école depuis l'âge de trois ans jusqu'à ce qu'ils en aient huit.

Den schůlen soll vom gemeinen seckel versehung geschehen.

Les écoles doivent être financées par la caisse commune.

In den schůlen soll man kind leren das christlich gsatz auß [Aiiii] *dem ewangeli vnd auß Paulo.*

Dans les écoles, les enfants doivent apprendre la loi chrétienne à partir de l'Évangile et des lettres de Paul.

In den schůlen soll man die kind leren latein vnd teütsch gemein glich verston, von griechisch vnd hebraisch oben hin ein wenig laͤsen vnd verston.

Dans les écoles, on doit enseigner aux enfants le latin et l'allemand afin qu'ils aient une même compréhension de ces deux langues. Dans les classes avancées, ils doivent un peu apprendre à lire et à comprendre le grec et l'hébreu.

So ein kind acht jar alt ist, mag man es zů eim handtwaͤrck thůn oder aber lenger lassen studieren.

À huit ans, on peut faire apprendre un métier à un enfant ou bien on peut le laisser poursuivre des études.

Vom gsatz vnd landtrecht.

Des statuts et des lois du pays

In jetlicher vogty soll man kain lassen ein hußhaͤbigen burger sein, er wiß dann ire gmeine breüch vnd recht.

Dans chaque bailliage, personne ne doit pouvoir accéder à la propriété d'une maison, sauf s'il connaît la loi et les usages du lieu.

Alle alte kayserliche vnd pfaffen recht thůnd wir ab.

Nous abrogeons toutes les anciennes lois impériales et ecclésiastiques.

Jetlicher soll gemeine recht wissen, vnd das jetlicher wiß sin billichs vnd vnbillichs.

Chacun doit connaître la loi publique afin que chacun sache ce qui est permis et ce qui n'est pas permis.

Kain jurist, kain fürspraͤch soll fürhin me sein, welcher im selbst nit kan reden, der naͤm den naͤchsten mitburger.

Il ne doit plus y avoir ni juriste ni avocat ; quiconque ne peut pas s'exprimer lui-même doit se faire accompagner d'un proche concitoyen.

Vom bann.

De l'excommunication

Nieman soll in ban gethon werden vmb schuld, alein vmb offentlich vnvffhoͤrlich vbertraͤttung der gebot gots soͤllen die pfaffen ain bannen.

Personne ne doit être excommunié à cause d'une faute ; c'est seulement pour des transgressions notoires et répétées des commandements de Dieu que les prêtres doivent excommunier.

Vom ablaß.	Des indulgences[88]
Wer fürhin ablaß verkindt oder leset, soll offentlich gestrafft werden.	Désormais, quiconque annonce ou proclame des indulgences doit être puni publiquement.
Das soll grosser ablaß sein, gůts thůn sim naͤchsten menschen vnd verzyhen dem find.	Voici la véritable grande indulgence : faire du bien à son prochain et pardonner à l'ennemi.
Von der müntz.	De la monnaie[89]
In allem rych soll sein einerley müntz, das ist ein schlag vnd einer werschafft.	Dans tout l'Empire, il y aura une seule monnaie avec une seule façon de la battre et une même valeur partout.
Von pfaffen.	Des prêtres
Kain pfaff soll zů radt gon, weder der fürsten noch der stet noch der vogtyen.	Aucun prêtre ne doit être membre d'un conseil ni dans une principauté, ni dans une ville, ni dans un bailliage.
Von vntrew.	Des abus de confiance
Welcher eim nit halt ein zůsagen in ernst gethon on aid oder schwůr, soll offentlich geschmaͤcht werden.	Quiconque ne tient pas une promesse faite sérieusement, même sans serment ni vœu, doit être déshonoré publiquement.
Welcher eim andern gelyhen ding ergert, sol es im vff vorige war zalen.	Quiconque endommage un objet que lui a prêté autrui doit payer au propriétaire la valeur antérieure de l'objet.
Welcher seim nachpauren nit wil fürsetzen in noͤten, der es wol hat, soll offentlich gestrafft werden.	Quiconque ne veut pas prêter à son voisin qui est dans le besoin, alors qu'il vit confortablement, doit être puni publiquement.
Welcher gab vmb lyhen nimpt, soll mit růten geschlagen werden.	Quiconque impose des intérêts pour un prêt doit être battu avec des verges[90].
Welcher nit zalt vff gsetzte zyt, soll offentlich gstrafft werden.	Quiconque ne rembourse pas un prêt au temps fixé doit être puni publiquement.

88 Dans ses 95 *Thèses*, Luther avait remis en question, en 1517, les abus liés à la vente des indulgences.

89 Dans l'Empire, la monnaie n'avait pas la même valeur partout. Voir Geissler, 2020.

90 L'Église interdisait traditionnellement le prêt à intérêt. Au XVIe siècle, cette opposition s'atténue. Calvin distinguera le prêt à intérêt et le prêt sans intérêt accordé aux pauvres.

[Aiiii[b]] *Von dieben.*

Ein dieb soll ein jar ein gemeiner knecht sein zů aller bossel arbeit der stat, vnd soll ein kettin geschmidet tragen an baiden fuͤssen.

Des voleurs

Un voleur doit travailler au service de la communauté pendant un an et effectuer les tâches les plus basses dans la cité. Il doit porter des chaînes rivées aux deux pieds.

Moͤrder.

Ain moͤrder soll man moͤrden.
Ain strassenroͤüber soll man ein ewigen knecht der gemein machen, wie von dieben gesagt ist.

Les meurtriers

On mettra un meurtrier à mort.
Un brigand de grand chemin doit travailler au service de la communauté à perpétuité, comme il est dit des voleurs.

Vom zeren.

Welcher gemerckt wirt, das er vberflüssiger zert, dann sein vermoͤgen geacht wirt, soll bim aid anzeigt werden den obern.
Der vnmaͤssigen zerhafftigkeit soll man bald entgegen kummen, do mit nit vil armer můtwilliger leüt werden.

Du style de vie

Si l'on remarque quelqu'un qui vit au-dessus de ses moyens, on le dénoncera aux autorités sous serment.

On doit s'opposer promptement à ceux qui vivent de manière extravagante afin qu'il n'y ait pas trop de gens pauvres bravant toutes les règles.

Von Gehalten.

Kaim eehalten soll man wein geben trincken, er sy dann.xxx. jar alt.
Kaim eehalten zimpt auß seim dienst zů gon, dann vmb vnfrid willen.
Kain meisterschafft soll eim eehalten flůchen oder schlahen, noch haͤrwiderumb.
Kaim eehalten soll die meisterschafft den lon vor dem zyl geben.
Uff das zyl soll ein jetlicher eehalt bar bezalt werden.
Ain krancken eehalten soll die meisterschafft zwen monat vmb sunst halten vnd sein pflaͤgen.

Des domestiques

On ne doit pas donner du vin au domestique âgé de moins de trente ans.
Aucun domestique ne doit quitter son service, sauf en cas de discorde.
Aucun maître ne doit jurer contre un domestique ou le frapper, et réciproquement.
Aucun maître ne doit donner le salaire à son domestique avant terme.
Au bout du terme, chaque domestique doit être payé en argent liquide.
Le maître doit entretenir gratuitement un domestique malade pendant deux mois et le soigner.

Uon klaidern.	Des vêtements[91]
Alle farb allerlay klaidung soll jederman gemein sein, doch das vnder fraw vnd man ein vnderschayd sy.	Tout le monde doit porter des vêtements de mêmes couleurs sauf pour distinguer les hommes des femmes.
Die klaider soͤllen fraw vnd man eerlich bedecken.	Les vêtements doivent couvrir les hommes et les femmes de manière décente.
Die frawen soͤllen zierlich aber doch erlich bekleidt sein.	Les femmes doivent être vêtues joliment, mais aussi avec décence.
Von kurtzweil.	Des divertissements
Alle monat soll man ein sundere früntliche erberliche offentliche gemaine kurtzwil haben, dar zů soͤllen fleiß haben die oberen jetlicher flaͤcken.	Tous les mois, il doit y avoir un divertissement public particulier et respectable, entre amis, qui doit être préparé avec application par les autorités de chaque bourg.
Kain kurtzweil soll vber ein halben tag weren.	Aucun divertissement ne doit durer plus d'une demi-journée.
Kain kurtzweil soll vyl zerung hinnemen.	Aucun divertissement ne doit impliquer des repas plantureux.
Alle kind soll man leren zimliche sayten spil.	On doit enseigner à tous les enfants à jouer des instruments à cordes appropriés[92].
Alle kind soll man leren die kunst deß maͤssens, raͤchnen vnd staͤrnen kennen.	On doit enseigner à tous les enfants les arts de la géométrie, du calcul et de l'astronomie.
[A_5] *Alle kind soll man leren gemeine krüter kennen vnd gemeine artzny wider gemeine kranckheit.*	Tous les enfants doivent apprendre à reconnaître les herbes les plus courantes et les remèdes les plus courants pour les maladies les plus courantes.
Sunder wol beruͤmpt artzet soͤllen von eim gemeinen seckel bestelt werden vnd jederman willig sein on sunderen sold.	Des médecins réputés doivent être engagés en utilisant les fonds de la caisse commune pour s'occuper de tout le monde sans se faire payer en sus.

91 Dans une ville comme Strasbourg, l'habillement des habitants était règlementé en fonction de leur rang social.

92 Selon certaines traditions, les instruments à cordes étaient ceux des anges, les cuivres – trompettes et autres – étaient moins considérés. Pour certains, c'étaient même des instruments diaboliques.

Von peinlichen straffen.

Kein pinlich statut soll fürhin angenomen werden, das nit im gsatz Moysi vßtruckt ist, dann der mensch soll nit harter straffen wann got.

Des supplices

Désormais, on ne doit recourir à aucun règlement des châtiments qui ne soit pas prescrit dans la loi de Moïse, car l'homme ne doit pas punir plus sévèrement que Dieu.

Von den Bilgeren.

So jemandt gezwungen wirt vber faͤld gon, vnd vrsach zaigt in geschrifft von seiner oberkeit, soll er von jederman wol gehalten werden, hat er nit zerung, soll man im barmhertzigkeit erbieten in gemeinen spitalen, es woͤll dann ein burger auß sunderem andacht im ein lieb bewisen.

Des pèlerins

Si quelqu'un est contraint de voyager et s'il peut indiquer la raison de ce voyage par un écrit de ses supérieurs, tout le monde doit l'entretenir. S'il n'a pas de nourriture, on doit faire preuve de compassion envers lui dans les hospices communaux, sauf si un citoyen[93] veut, par une sympathie particulière, accomplir pour lui un acte de bonté.

Von muͤssig gon.

By grosser straff soll niemand gar oder vyl muͤssig gon, jederman soll zů bequemlicher arbeit gehalten werden. Muͤssig gon soll ein offentliche schand sein gehalten.

De l'oisiveté

Sous peine de sanction grave, personne ne doit être complètement ou souvent oisif[94]. On doit attribuer à chacun un travail approprié. L'oisiveté doit être considérée comme un déshonneur public.

Gemeine regel.

Welcher für hin gybt gelt zů maͤßlesen, bicht gaͤlt, grab gelt, Item wer lobet die syben tag zyt, wer allmůsen gibt eim baͤttel münch, er thuͤ dann sein kleid ab vnd gang wie ain ander mensch. Welcher ein pfaffen hoͤher eret dann ein vogt oder rats herr, soll offentlich gestrafft werden.

Welcher ein pfaffen schedigt, soll gestrafft werden als der ein vogt schedigt.

Règle publique

Désormais, quiconque donne de l'argent pour faire lire une messe[95], pour faire pénitence, pour un service funèbre, de même que quiconque chante les heures canoniques, donne l'aumône à un frère mendiant, même si ce dernier a enlevé sa bure et passe pour une personne ordinaire, quiconque tient un prêtre en plus haute estime qu'un bailli ou un conseiller doit être puni publiquement. Quiconque porte préjudice à un prêtre doit être puni comme s'il avait porté préjudice à un bailli.

93 Litt., « bourgeois ».

94 Les réformateurs et le mouvement évangélique ont insisté sur la valeur du travail. Selon Luther, « l'homme est fait pour travailler ». Selon un document du Magistrat de Strasbourg, « l'oisiveté est le bourbier hautement nuisible de Satan ».

95 Les messes privées ont été supprimées par les réformateurs.

Von juden vnd haiden.

Ob mißglöübig wellen vnder vnß wonen, soll man inen nicht laidts thůn, sunder früntlich halten wie vnsere burger, doch soll man sie zů keiner burgerlichen eer brauchen oder ampt, sie söllen auch vnsere gesatz vnd glouben nit schmähen.

Des Juifs et des païens

Si des mal croyants veulent vivre parmi nous, personne ne doit leur porter préjudice, mais on doit les traiter de manière amicale comme nos concitoyens. Cependant, on ne doit leur attribuer aucun honneur civil ni aucune charge, et ils ne doivent pas se moquer de nos lois et de nos croyances.

Von den kätzern.

Kainer soll für ein kätzer geacht werden, welcher by gemeinem gsatz des ewangely blibt nach gemeinem verstand vnsers landts.
Schůler, pfaffen vnd landtleüt, auch richter, söllen mit einander vrtheilen in sachen beträffen vnser ewangelisch [A_5^b] *leer vnd gsatz.*

Des hérétiques

Personne ne doit être considéré comme hérétique dès lors qu'il accepte la loi de l'Évangile d'après la compréhension commune de notre pays.
Les étudiants, les prêtres et les édiles locaux, de même que les juges, doivent juger ensemble des questions relatives à notre enseignement et à notre loi évangéliques.

Von schatzung in ein gemeinen stat seckel.

Welcher burger vnder hundert guldin wärt hat, darff nicht geben, aber hundert gibt all wochen ein häller, den soll man all wochen vorderen.

Solich obgemelt ordnung haben wir von Wollfaria für genummen, ist vnser meinung, wir wöllen sie fürhalten allem volck in allen vogtyen, so wir dann dar vber vnser vnderthon verwilligen oder vrthail hören, so söllen dar nach die gsatz ein krafft haben nach bestätigung vnser landtschafft, by straff der vngehorsamen vnd belonung der gehorsamen.

Des contributions à la caisse commune de la ville

Tout citoyen disposant de moins de cent florins ne doit pas payer. Mais les citoyens disposant de plus de cent florins devront payer un heller[96] chaque semaine et celui-ci sera prélevé chaque semaine.
Nous, de Wollfaria, avons entrepris les ordonnances décrites ci-dessus, et nous avons l'intention de les présenter à tout le peuple dans tous les bailliages pour entendre l'accord ou l'opinion de nos sujets. De cette façon, après ratification de notre pays, les lois seront mises en application pour punir ceux qui y désobéissent et récompenser ceux qui y obéissent.

96 Le *Heller* (obole en français) est une monnaie de Schwäbisch Hall qui valait à l'origine un demi-*pfennig*.

Datum in vnser houpt stat Wolffeck, im Monat genant Gůtwyle, jm jar do man den bättel münchen die kutten staubt.

M W V H
Ach mich verlangt.

Daté de notre capitale, Wolffeck[97], au mois appelé « Bonne volonté », l'année où on secoue la poussière des bures des frères mendiants.

M W V H
Ô, je le désire vivement[98]

97 *Wolffeck* signifie la tanière du loup. L'usage de ce mot fait partie du cadre utopique ou imaginaire du texte d'Eberlin.

98 Peut aussi être traduit par « Ô, il me tarde », ou « Ô, j'ai hâte » (de voir se réaliser ce projet).

BIBLIOGRAPHIE

ÉDITIONS DES *QUINZE CONFÉDÉRÉS* OU DE *WOLFARIA*

BERGER, Arnold (éd.), *Die Sturmtruppen der Reformation : Ausgewählte Schriften der Jahre 1520-1525*, Leipzig, Philip Reclam jun., 1931 (première, huitième, dixième et onzième parties des *Quinze Confédérés*).

[EBERLIN VON GÜNZBURG, Johann,] *New statuten die Psitacus gebracht hat uss dem land Wolfaria welche beträffendt reformierung geystlichen stand [...] : Der.X. bundtgnosz*, [Bâle, Gengenbach, 1521]. En ligne : https://doi.org/10.3931/e-rara-509 (consulté le 15/10/2021).

[EBERLIN VON GÜNZBURG, Johann,] *Ein newe ordnung weltlichs standts das Psitacus anzeigt hat in Wolfaria beschriben [...] : Der.XI. bundtgnosz*, [Bâle, Gengenbach, 1521]. En ligne : https://doi.org/10.3931/e-rara-510 (consulté le 15/10/2021).

EBERLIN VON GÜNZBURG, Johann, *Ausgewählte Schriften*, éd. par Ludwig ENDERS, vol. 1, Halle, Niemeyer, coll. « Flugschriften aus der Reformationszeit » 11, 1896. En ligne : https://gallica.bnf.fr/ark:/12148/bpt6k101961p/f1.item (consulté le 15/10/2021).

LAUBE, Adolf *et alii* (éd.), *Flugschriften der frühen Reformationsbewegung (1518-1524)*, 2 vol., Berlin, Akademie-Verlag, 1983.

AUTRES SOURCES

LUTHER, *Œuvres* I. Édition publiée sous la direction de Marc LIENHARD et Matthieu ARNOLD, Paris, Gallimard, coll. « Bibliothèque de la Pléiade » 455, 1999.

PRÉVOST, André, *L'Utopie de Thomas More*, Paris, Mame, 1978.

ÉTUDES

DIPPLE, Geoffroy, *Antifraternalism and Anticlericalism in the German Reformation : Johann Eberlin von Günzburg and the Campaign against the Friars*, Aldershot, U.K., Solar, 1996.

ELIAV-FELDON, Miriam, *Realistic Utopias : the Ideal Imaginary Societies of Renaissance*, Oxford, Oxford University Press, 1982.

GEIGER, Gottfried, « Die reformatorischen Initia Johann Eberlin von Günzburg nach seinen Flugschriften », dans *Festgabe für Ernst Zeeden zum 60. Geburtstag am 14. Mai 1967*, éd. Horst RABE, Hans Georg MOLITOR et Hans Christoph RUBLACH, Münster, Aschendorff, 1976, p. 178-201.

GEISSLER, Paul, « Monnaie », *Dictionnaire Historique des Institutions de l'Alsace du Moyen âge à 1815*, t. 14, Strasbourg, Fédération des sociétés d'histoire et d'archéologie d'Alsace, 2020, p. 1576-1587.

GROAG-BELL, Suzann, « Eberlin von Günzburg's Wolfaria : The First Protestant Utopia », *Church History* 36/2, 1967, p. 122-139.

HEGER, Günther, *Johann Eberlin von Günzburg und seine Vorstellungen über eine Reform in Reich und Kirche*, Berlin, Duncker & Humblot, coll. « Schriften zur Reichsgeschichte », 1985.

PETERS, Christian, *Johann Eberlin von Günzburg ca 1465-1533, Franziskanischer Reformer, Humanist, konservativer Reformer*, Gütersloh, Gütersloher Verlagshaus, coll. « Quellen und Forschungen zur Reformationsgeschichte des sechzehnten Jahrhunderts » 60, 1994.

PLARD, Henri, « L'Utopie Communiste Agraire d'Eberlin de Günzburg : Le Pays de Wolfaria », dans *L'Humanisme allemand (1480-1540) : XVIIIe colloque international de Tours*, publ. par Joël LEFEBVRE et Jean-Claude MARGOLIN, München, Fink – Paris, Vrin, coll. « De Pétrarque à Descartes », 37, 1979, p. 387-403.

RIGGENBACH, Bernhard, *Johann Eberlin von Günzburg und sein Reformprogramm*, Tübingen, Fues, 1874 (reprint Niewkoop, De Graaf, 1967).

SEIBT, Ferdinand, *Utopica. Modelle totaler Sozialplanung*, Düsseldorf, Schwann, 1972.

VOGLER, Günther, « Reformationsprogramm oder utopischer Entwurf? Gedanken zu Johann Eberlin von Günzburgs "Wolfaria" », *Jahrbuch für Geschichte des Feudalismus* 3, 1979, p. 219-232.

Études d'Histoire et de Philosophie Religieuses

Collection dirigée par Matthieu ARNOLD
en collaboration avec Christian GRAPPE *et Marc* VIAL

DERNIERS VOLUMES PARUS

Aux Presses Universitaires de France, Paris :

85. Martin GRESCHAT, *Philippe Melanchthon : théologien, pédagogue et humaniste (1497-1560)*, traduit de l'allemand par Matthieu ARNOLD, 2011.

Aux éditions Classiques Garnier, Paris :

86. Marc VIAL, *Pour une théologie de la toute-puissance de Dieu. L'approche d'Eberhard Jüngel*, 2016.
87. Matthieu ARNOLD, *Les femmes dans la correspondance de Luther*, édition revue, 2017.
88. Alfred MARX, *La stratégie identitaire de l'Israël antique*, 2019.
89. Anne DOLLFUS et Pierre-Yves KIRSCHLEGER, *L'Église réformée de France (1938-2013). Une présence au monde*, 2021.

VIENT DE PARAITRE

90. Caleb MOÏSE, *L'Anthropologie de l'apôtre Paul. Vieil homme, homme nouveau, une exégèse de Romains 5-8*, 2021.
91. Hélène WIENER, *Foi et franchise. Le témoignage de l'Église primitive à la lumière de Philodème de Gadara*, 2022.

Classiques Garnier

6 rue de la Sorbonne
F-75005 PARIS

LA QUESTION DE LA RATIONALITÉ CHEZ SØREN KIERKEGAARD

Jérôme Bord
Doctorant contractuel (UR 4378)
Université de Strasbourg

> Je ne suis pas prisonnier de ma raison.
> J'ai dit : Dieu[1].

KIERKEGAARD : UN FIDÉISTE IRRATIONALISTE ?

Le paysage intellectuel français a longtemps considéré Kierkegaard – ce philosophe qui « détestait la raison par-dessus tout[2] » aux dires de Chestov – comme un penseur fidéiste, à la frontière parfois de l'irrationalisme ; la plupart du temps, un renvoi à Kierkegaard consiste en effet à indiquer chez lui la préséance de la foi sur la raison, en insistant notamment sur le *credo quia absurdum* qu'il reprend de Tertullien.

On insiste ainsi sur le caractère scandaleux de l'objet de foi (l'homme-Dieu) chez Kierkegaard. Parce qu'il est une « contradiction » – l'union, dans une situation historique, d'un homme singulier et de Dieu[3] –, ou, pour reprendre les mots du pseudonyme Climacus, parce qu'il est « le paradoxe absolu[4] », il est imperméable tant aux preuves[5] qu'aux certitudes objectives[6]. Il semble ainsi que l'on

1 Rimbaud, 2009, p. 252 (*Une saison en enfer*, 1873).
2 Chestov, 1998 (1836), p. 41.
3 *Cf.* Kierkegaard, 1982 (1850), p. 77.
4 Kierkegaard, 1977a (1846), p. 202.
5 *Cf.* Kierkegaard, 1982 (1850), p. 26-27.
6 La foi chrétienne étant décrite par Climacus comme « l'incertitude objective, maintenue dans l'appropriation de l'intériorité la plus passionnée » (Kierkegaard,

ait affaire à un « *scandale logique*, résistant à toutes les tentatives apologétiques de justification et de rationalisation[7] ». En effet, parce que l'objet de foi n'est pas seulement inaccessible à la raison, mais encore contraire à elle (absurde), il est évident qu'il ne peut être soutenu par le moindre raisonnement – d'autant que Climacus appelle, dans les dernières pages du *Post-Scriptum*, à « crucifier la raison dans la foi *[Troens Korsfæstelse af Forstanden]*[8] ». S'employant à une véritable entreprise d'« irrationalisation du christianisme[9] », Kierkegaard paraît donc requérir un « saut épistémique » par-delà toute rationalité, la foi chrétienne se fondant dès lors sur un risque qui, en définitive, est pure confiance en Dieu[10]. On lit par exemple dans *Crainte et Tremblement* :

> C'est par la foi qu'Abraham quitta le pays de ses pères et fut étranger en terre promise. Il laissa une chose et en prit une autre ; il laissa sa raison terrestre *[sin jordiske Forstand]* et prit avec lui la foi ; sinon, songeant à l'absurdité du voyage, il ne serait pas parti. C'est par la foi qu'il fut un étranger en terre promise où rien ne lui rappelait ce qu'il aimait, tandis que la nouveauté de toutes choses mettait en son âme la tentation d'un douloureux regret. [...]. C'est par la foi qu'Abraham reçut la promesse que toutes les nations de la terre seraient bénies en sa postérité. Le temps passait, la possibilité restait, Abraham croyait. Le temps passa, l'espérance devint absurde, Abraham crut[11].

Le Danois se trouve ainsi consacré porte-étendard d'un fidéisme toujours à la lisière de l'irrationalisme : il considère en effet que l'objet de foi, parce qu'essentiellement absurde, ne peut être saisi qu'en allant contre la raison – qu'en s'épuisant dans une foi dépourvue de, et plus encore opposée à, tout fondement rationnel. Certes, la croyance, ici, est suprarationelle (l'objet de foi n'étant pas un absurde humain mais divin), mais elle ne semble s'acquérir qu'à travers une profonde mutilation de la raison.

Nous allons tenter de voir en quoi cette caractérisation de Kierkegaard résulte de nombreuses confusions, relatives tant à la traduction qu'à la définition même du terme « raison ».

1977a [1846], p. 189).

7 Pouivet, 2013, p. 44-45.

8 Kierkegaard, 1977b (1846), p. 246.

9 Wahl, 1938, p. 133.

10 Pouivet, 2013, p. 44 : « La foi échapperait à la justification épistémologique ; elle serait affaire de confiance en Dieu et d'engagement existentiel à son égard. »

11 Kierkegaard, 1972 (1843), p. 112-114.

RAISON, ENTENDEMENT ET PENSÉE

Avant d'examiner ce que Kierkegaard entend par « raison », il convient de faire rapidement le point sur la traduction même de ce terme. Dans les 19 tomes des *Œuvres complètes*, publiées aux éditions de l'Orante et traduites par P.-H. Tisseau (sans donc compter l'Index terminologique), le substantif « raison » est omniprésent, apparaissant dans tous les ouvrages à une fréquence élevée. En revanche, dans le texte danois, le terme correspondant *(Fornuft)* n'apparaît qu'à 7 reprises (et à 55 reprises dans tout le corpus kierkegaardien, autrement dit, en ajoutant aux *Œuvres complètes* les douze tomes des *Journaux et cahiers de notes* et la *Correspondance*). Cela s'explique par un choix de traduction, P.-H. Tisseau regroupant sous le terme « raison » à la fois l'entendement *(Forstand)* et la pensée *(Tænkning)*. Dans le *Post-Scriptum*, Climacus ne parle dès lors pas de « crucifier la raison dans la foi[12] », mais bien l'entendement *(Forstand)* ; dans *Crainte et Tremblement*, Johannes de Silentio ne considère pas que « la foi commence précisément où finit la raison[13] », mais là où finit la pensée *(Tænkning)*.

À vrai dire, Kierkegaard n'établit pas de distinction ferme entre ces trois termes, à la différence, par exemple, de Hegel[14]. Mais la traduction de *Forstand* ou de *Tænkning* par « raison » peut amener à certains contre-sens si l'on attribue à ce mot une trop grande charge conceptuelle. Le fait d'aller contre l'entendement *(Forstand)*, la pensée *(Tænkning)* ou encore, pour reprendre le mot d'Anti-Climacus dans l'*Exercice en christianisme*, « contre toute raison (humaine) *[(menneskelig) Fornuft]* » ne signifie pas rejeter toute rationalité. Kierkegaard insiste sur ce point en ajoutant les adjectifs « humain », « terrestre » ou encore « fini » à ces trois substantifs. Il y a dès lors deux manières de comprendre la position de Kierkegaard : ou bien il considère que l'objet de foi s'élève contre la « raison » humaine au sens fort, autrement dit, contre la raison « normative » ou « idéale » – la rationalité elle-même, correspondant, pour reprendre le mot d'Evans, à *« the ideal of a set of processes that are aimed at truth and that give us the best shot of gaining truth[15] »* ; ou bien il considère

12 Kierkegaard, 1977b (1846), p. 246.
13 Kierkegaard, 1972 (1843), p. 145.
14 *Cf.* par exemple Hegel, 1986 (1801), p. 109-110.
15 Evans, 1998, p. 22.

que l'homme-Dieu s'oppose à la « raison » humaine en ciblant une raison dite « concrète », en d'autres termes, un certain modèle de la raison cultivé par l'homme. Mais si l'on considère que l'essence même de la « raison normative » est de saisir la vérité, il n'est pas possible de considérer Kierkegaard – dont toute l'œuvre est dirigée vers la réduplication de la vérité existentielle (le Christ) – comme un fidéiste, et moins encore comme un irrationaliste. Par conséquent, il faut dire que l'objet de foi ne s'oppose pas à *la* rationalité en tant que telle, mais à une *certaine* forme de rationalité.

Nous allons nous efforcer de chercher quel est ce modèle de rationalité rejeté, dans le cadre du christianisme, par Kierkegaard. Après avoir montré quelle « raison concrète » le Danois oppose à l'objet de foi, nous nous appliquerons à étudier la nature même de la rationalité kierkegaardienne, cela pour mieux la distinguer à la fois du fidéisme et de l'irrationalisme.

LE PÉCHÉ DE L'ENTENDEMENT

Dans les *Miettes philosophiques*, Kierkegaard, sous le pseudonyme de Climacus, évoque le dépouillement de la « condition » (la capacité de saisir la vérité – la foi) par l'homme lui-même, autrement dit, l'état de péché :

> Être réel, le disciple est évidemment créé et, pour autant, il faut que Dieu lui ait donné la condition nécessaire à l'intelligence de la vérité [...] ; mais si l'instant doit avoir une valeur décisive [...], il faut que le disciple soit privé de la condition, c'est-à-dire qu'il en ait été dépouillé. Cela ne peut être le fait du dieu (il y aurait contradiction), ni du hasard (car il est contradictoire que l'inférieur puisse vaincre le supérieur) ; il faut donc que la chose soit le fait du disciple lui-même. [...] La non-vérité n'est donc pas seulement en-dehors de la vérité ; elle lui est hostile ; on l'exprime en disant que le disciple a lui-même complètement perdu et continue de perdre la condition. [...] cet état où l'on est la non-vérité et l'est par sa propre faute, [...] nous l'appellerons : *péché*[16].

On comprend par là que la critique de Kierkegaard ne s'adresse pas – comme nous l'avons souligné plus haut – à l'entendement en

---

16 Kierkegaard, 1973 (1844), p. 15-16. L'emploi des italiques dans les citations reproduit celui des textes originaux.

lui-même, mais à un entendement vicié par le péché. Cet entendement, dépossédé de la condition lui permettant de saisir la vérité (la foi), s'enfonce donc dans la non-vérité, repoussant, comme l'indique Climacus, à chaque instant la condition, autrement dit, se scandalisant de l'objet de foi. Ce n'est donc pas à une saine faculté humaine que Kierkegaard oppose le christianisme, mais à une faculté fondamentalement corrompue. Dans *Faith beyond Reason*, Evans relève deux aspects de cette corruption : d'une part, ce qu'il nomme l'« orgueil » de l'entendement[17], autrement dit, son caractère « impérialiste » et « dominateur » et, d'autre part, son « égoïsme » et son « égocentrisme[18] ». Pour résumer : cet entendement, détaché du « fondement » qu'est Dieu et pleinement confiant en son autosuffisance, a la prétention de pouvoir tout connaître : c'est en bref ce que Kierkegaard nomme, dans ses *Papirer*, le « péché de l'entendement *[Forstandens Synd]*[19] ».

Or, précisément parce qu'il proclame son autosuffisance, cet entendement rejette ce qui échappe à sa puissance ; en d'autres termes, il rejette la foi. Il s'appuie entièrement sur lui-même, et par là, sur ses propres produits : preuves, assurances, certitudes objectives, etc. En outre, l'entendement vicié, fort de cette « vérité objective » évoquée par Climacus dans le *Post-Scriptum*, vérité propre au domaine des « sciences naturelles », s'échine à étendre le champ de ces dernières jusqu'à embrasser la totalité du monde. Il réduit alors tout le contenu de l'existence humaine au « connaissable », ou bien en corrompant ce qui s'y oppose (transformant ainsi la foi chrétienne en doctrine), ou bien en le rejetant absolument (le scandale). Toute transcendance devient immanence : le divin et son exigence inconditionnée se trouvent qualifiés de « folies » par l'entendement, qui prétend alors avoir la mainmise sur toute rationalité. Tout est réduit à ce qu'*est* l'homme – sans prendre en considération ce qu'il est amené à *devenir*. En définitive, avec cet entendement, c'est le sens même de l'existence (qui, par définition, réside dans le devenir) qui s'évanouit. Dans *Jugez vous-mêmes*, Kierkegaard écrit :

> Cet *entendement* est une rébellion contre l'inconditionné [...]. [Il] s'insinue lentement et progresse ; peu à peu, il consume l'inconditionné, sape la foi

---

17 Nous choisissons ici de ne pas reprendre le terme « raison » employé par Evans, celui-ci n'étant pas exact (puisqu'il s'applique, nous l'avons vu, au substantif danois *Forstand*) et par trop polémique.

18 *Cf.* Evans, 1998, p. 96.

19 Kierkegaard, 2008 (NB26.5, 1852), p. 12 (nous traduisons).

> en lui et le respect pour lui ; un beau jour [...], il se démasque et proclame à grands cris sa sage doctrine : l'inconditionné, c'est de la folie. Avec cet entendement croissant se développe une espèce de connaissance de l'homme, celle de ce que nous *sommes* en fait ou de nos jours ; elle relève des sciences naturelles et de la statistique ; pour elle, l'état de la moralité humaine est un produit de la nature, explicable par le milieu, le climat, le régime des vents, des pluies et des eaux, etc. [...]. Mais à mesure qu'il va croissant, cet entendement s'informe de moins en moins de ce que nous *devrions être*, de l'exigence adressée par Dieu, des idéaux[20].

Dès lors, pour Kierkegaard, cette extension des sciences naturelles n'est pas une extension de la connaissance, mais un appauvrissement de l'homme. Bien entendu, il est important de préciser ici que Kierkegaard ne s'en prend pas aux sciences naturelles en elles-mêmes[21], mais bien à la prétention qu'a l'entendement d'étendre leurs méthodes à toute l'existence humaine, et en particulier à l'éthico-religieux – qui, quant à lui, repose sur le « Tu dois ». En effet, s'efforcer d'embrasser ce domaine à travers le prisme de la vérité objective, c'est essentiellement le dénaturer (et notamment le rendre « impersonnel »), semer le doute, encourager les assurances, convertir l'exigence (l'imitation) en admiration et, en définitive, abolir toute obéissance. C'est ainsi que le christianisme, qui était originellement une « communication existentielle[22] », s'est transformé en doctrine – l'apologétique et la crainte des hommes ayant supplanté l'obéissance et la crainte de Dieu[23]. On lit dans l'*Exercice en christianisme* :

> On a maintenant assez entendu, et assez haut, ce propos éhonté qu'il faut aller plus loin, qu'il ne faut pas s'en tenir au christianisme, à la foi, à la simplicité, à l'obéissance, au « tu dois ». Il a pénétré de plus en plus profondément [...] puisque, hélas ! tout homme a un penchant naturel et inné à la désobéissance. C'est pourquoi les « raisons », les trois raisons justifiant la foi ont remplacé l'obéissance ; car on avait honte d'obéir[24].

Réduisant donc le christianisme à une doctrine, et par là le divin à l'humain[25], l'entendement vicié, parce qu'il ne tolère d'autre maître

20 Kierkegaard, 1966 (1876), p. 202-203.

21 *Cf.* Kierkegaard, 2007a, p. 15 (AA:12, 1835) : « J'ai été un fervent des sciences naturelles et je le suis encore ; cependant, il me semble que je ne veux pas en faire mon étude principale. Moi, c'est la vie qui m'a toujours le plus intéressé en vertu de la raison et de la liberté, et mon désir a toujours été de clarifier et de résoudre l'énigme de la vie. »

22 Kierkegaard, 1977b (1846), p. 77.

23 *Cf.* Kierkegaard, 1997, p. 42 (NB11.69, 1849).

24 Kierkegaard, 1982 (1850), p. 200-201.

25 On dirait avec plus de justesse : le divin et l'humain à l'inhumain, puisqu'il y a ici un passage de la subjectivité (celle de Dieu et celle de l'homme) à l'objectivité. *Cf.*

que lui-même, rejette tout ce qu'il ne peut saisir. Plus encore, il déclare que ce que *lui* ne peut saisir ne peut en définitive être saisi par rien ni personne (repoussant dès lors tout ce qui n'est pas du ressort de la vérité objective, et en particulier ce que Climacus nomme la « vérité subjective », sur laquelle nous reviendrons). S'il « rationalise » l'objet de foi (faisant de l'homme-Dieu, à la manière de Hegel, un composé de la nature humaine et de Dieu, et non le composé d'un homme singulier et de Dieu[26]) de façon à pouvoir le comprendre[27] et supprime l'exigence, il s'élève contre toute tentative de faire ressurgir le « christianisme du Nouveau Testament », qu'il qualifie dès lors d'insensé, d'irrationnel, d'absurde, etc. Or, à l'époque moderne, son arme contre ceux qui ont la « prétention » de s'efforcer de suivre le christianisme originel (et par là de devenir « l'Individu ») n'est pas la mort, mais, comme le remarque Kierkegaard (après l'affaire du *Corsaire*), le ridicule. On lit dans les *Papirer* :

> On ne pensait jadis au martyre qu'en tant que martyre de sang *[Blod Martyriet]*, aujourd'hui peut-être peut-on également penser au martyre du ridicule *[Latterens Martyrium]*. C'est précisément le martyre du ridicule qui attend celui qui, à une époque où l'entendement prévaut *[i en Forstands Tid]*, veut devenir « l'Individu » *[den Enkelte]*[28].

En conséquence, l'entendement vicié a réussi à s'approprier le christianisme et à le couper de son origine inconditionnée, se prémunissant contre toute résurgence du paradoxe absolu au moyen du ridicule.

Mais si l'entendement se scandalise infiniment de l'objet de foi, Kierkegaard remarque qu'il s'en targue, qualifiant ce scandale de « doute[29] » et le portant comme une preuve de sa rationalité – fil-

---

en particulier Kierkegaard, 2007b, p. 72-73 (NB15.103, 1850).

26 *Cf.* Hegel, 1941 (1807), p. 267.

27 Autrement dit, réduire la « réalité » de l'objet de foi en « possibilité », ce qui revient à l'abolir, puisque l'objet de foi n'existe qu'au sein de la contemporanéité (*cf.* Kierkegaard, 1977b [1846], p. 20).

28 Kierkegaard, 2008, p. 240 (NB28.32, 1853 ; nous traduisons).

29 Kierkegaard, 1982 (1850), p. 76 (note) : « [...] de même qu'on s'est trompé en parlant du "doute" au lieu du "désespoir", de même aussi on a pris l'habitude d'employer la catégorie du "doute" où il faudrait parler du "scandale". Le rapport de la personnalité au christianisme n'est pas : douter ou croire, mais bien : être scandalisé ou croire. Toute la philosophie moderne est, aux points de vue éthique et chrétien, basée sur une étourderie. Au lieu d'intimider et de rappeler à l'ordre en parlant de désespérer et d'être scandalisé, elle a d'un signe invité les hommes à la présomption de douter et d'avoir douté. »

trant toutes choses afin de ne garder que ce qui est « objectivement certain ». Mais sitôt que l'on ramène ce supposé « doute » à la détermination de « scandale », on sent un effritement de sa rationalité. Dans les *Miettes philosophiques*, Climacus écrit :

> Si le paradoxe et la raison se heurtent dans une commune intelligence de leur différence, cette rencontre est heureuse [...]. Si la collision se produit sans cette intelligence, la situation qui en résulte est malheureuse et, à cet amour, si j'ose dire malheureux, de la raison [...], nous pouvons donner le nom de : *scandale*[30].

Ici, le pseudonyme effectue un tour de force : loin d'opposer foi et scandale dans le domaine de la *raison* (la foi étant l'irrationnel et le scandale le rationnel), il les oppose dans celui de la *passion* (la foi étant une passion heureuse et le scandale une passion malheureuse). Le scandale n'est donc pas, comme le prétend l'entendement, le résultat d'un examen rationnel concluant que l'objet de foi est « absurde », mais le refus de l'entendement de comprendre qu'il ne peut pas comprendre – ce qui est, lit-on dans les *Papirer*, « la seule catégorie chrétienne[31] ». Ce faisant, le scandale porte non le sceau de la rationalité de l'entendement, mais celui de sa fierté et de son égocentrisme.

C'est, en conséquence, à la « rationalité » de cet entendement que Kierkegaard oppose la foi, l'entendement étendant les sciences naturelles bien au-delà de leurs limites : jusqu'aux domaines de l'éthique et du religieux – dans un geste « désespéré » de relativisation, autrement dit, d'abolition de l'absolu[32].

LE MONDE VEUT ÊTRE TROMPÉ

Nous avons vu que Kierkegaard considérait le « péché de l'entendement » comme le fait de vouloir tout comprendre, et ainsi de réduire l'incompréhensible à une forme intelligible (sans donc se soucier de ce que signifie essentiellement son incompréhensibilité).

30 Kierkegaard, 1973 (1844), p. 47.

31 Kierkegaard, 1997, p. 177 (NB12.62, 1849 ; nous traduisons).

32 *Cf.* Kierkegaard, 2007c, p. 383 (NB24.101, 1851 ; nous traduisons) : « Les raisons, le fait qu'il y ait des raisons, n'est pas un plus par rapport à l'inconditionné, non, non, c'est un moins, une soustraction qui fait de l'inconditionné le conditionné. »

Mais cet apparent désir en cache un autre : se défausser de l'exigence inconditionnée du christianisme. La spéculation se résout ainsi dans ce que Kierkegaard qualifie de « petite-bourgeoisie » ; celle-ci entend délibérer sur la nature du christianisme, ce qui la conduit à repousser indéfiniment tout acte décisif – jusqu'à ce qu'elle soit « certaine » (ce qui, bien entendu, est impossible[33]). Et c'est précisément à l'issue de cette prise de distance d'avec toute décision que le « christianisme du Nouveau Testament », qui repose sur l'exigence inconditionnée, s'est transformé en « chrétienté socio-géographique » : un christianisme petit-bourgeois aussi lénifiant qu'hypocrite[34]. En fin de compte, l'entreprise de rationalisation du christianisme opérée par la spéculation se résout en une entreprise de mondanisation, qu'il va s'agir de détailler ici.

Selon Kierkegaard, l'entendement vicié a conduit à une impersonnalisation des hommes en les rendant objectifs, en faisant d'eux « des couteaux sans tranchants, [...] des flèches sans pointes », des êtres vivant « en s'occupant seulement des buts finis de cette vie[35] ». Le plus grand mal de l'entendement est ainsi d'avoir aboli l'absolu en coupant les hommes de leur subjectivité originelle, autrement dit, de leur « rapport à l'esprit[36] ». Privés de l'absolu par leur obsession de la vérité objective (qui opère par relativisation), les hommes se sont asservis à la « prudence », qui repose tout à la fois sur la probabilité/vraisemblance *(Sandsynlighed)* et le *ne quid nimis*, et est dirigée vers ce que Kierkegaard qualifie d'« eudémonisme » ou encore d'« épicurisme » dans ses *Papirer*[37]. Depuis, les hommes se sont employés à manipuler la vérité avec précaution, de sorte qu'elle ne porte jamais préjudice à leur torpeur. Il écrit en 1854 :

---

33 *Cf.* Kierkegaard, 1977a (1846), p. 21.

34 *Cf.* Kierkegaard, 2007c, p. 504-505 (NB25.88, 1852 ; nous traduisons) : « La démoralisation de notre temps (qui, occasionnée par "l'entendement" *[Forstanden]*, a dupé la génération entière, nous tous) consiste en ceci : la renonciation *[Forsagelsen]* que le christianisme exige, a été abolie – les hommes prennent ce qui est terrestre *[Jordiske]*. Mais ce n'est pas que cela, non (et c'est l'intensification), les hommes font de la renonciation (dont ils s'évadent) un moment dépassé *[et aufgehobnes Moment]* et un raffinement dans la joie et la possession des choses terrestres *[af det Jordiske]*. [...]. "L'entendement" doit nécessairement engendrer la plus écœurante des hypocrisies. »

35 Kierkegaard, 2009 (NB31.114, 1854), p. 79 (nous traduisons).

36 *Ibid.*

37 *Cf.* notamment Kierkegaard, 2008, p. 176 (NB27.61, 1853), p. 272 (NB28.69, 1854), p. 376-377 (NB29.114-115, 1854), p. 423 (NB30.49, 1854) et 2009, p. 146 (NB32.42, 1854), p. 238 (NB32.145, 1854), p. 286 (NB33.44, 1854), p. 393 (NB35.34, 1854).

> Une époque démoralisée par la sagesse *[Klogskab]* en possède naturellement assez pour être capable de juger de ce qui est le plus vrai *[det Sandere]*, de ce qui est la vérité *[det Sande]*. Mais elle se défend contre ce qui est le plus vrai et contre la vérité, non en se rebellant [...], non, mais avec sagesse, en prenant un certain dosage de la vérité, en laissant la vérité être vraie jusqu'à un certain point, et ainsi produisant l'apparence que ce que les hommes enseignent, disent et expriment comme étant la vérité est la même chose que la vérité, malgré le fait que c'en soit, ingénieusement, le strict opposé. La vérité, la vérité inconditionnée, l'inconditionné a pour contraire tout ce qui est « jusqu'à un certain point[38] ».

Tout cela, Kierkegaard le résume par la formule latine : *mundus vult decipi*[39].

Nous allons à présent nous concentrer sur l'auto-tromperie de l'entendement, vers laquelle convergent les deux principales critiques de Kierkegaard : contre la spéculation et la mondanité.

C'est dans le *Post-Scriptum* que Climacus brosse de la manière la plus fouillée le portrait de cette auto-tromperie. Elle consiste, en bref, à compliquer inutilement le christianisme de façon à ce qu'on puisse se soustraire indéfiniment à son exigence. Le christianisme est pourtant, au sens de Kierkegaard, si « simple » à comprendre qu'il est accessible à tous. Si cela semble aller à l'encontre de la thèse du « paradoxe absolu », c'est à cause de l'indistinction entre deux types de connaissance. Kierkegaard ne dit pas que le christianisme est « simple » à comprendre au sens spéculatif, mais bien au sens éthique. En d'autres termes, l'exigence inconditionnée (le « Tu dois » chrétien) est intelligible à chacun et n'attend qu'à être mise en pratique. Le paradoxe est, aux yeux de Kierkegaard, ce qui permet de repousser la spéculation – précisément parce qu'il ne peut être compris spéculativement. Il met ainsi en valeur le « Tu dois » chrétien, intelligible à tous, et qu'il s'agit de saisir au sens éthique, autrement dit, de « rédupliquer ». C'est le sens même de ce que Kierkegaard nomme la « simplicité chrétienne » :

> La simplicité *chrétienne [Det* christelige[40] *Eenfoldige]* n'est pas exactement la simplicité, ni même la simplicité immédiate, un paradoxe (qu'un homme singulier soit Dieu est tout sauf de la simplicité immédiate), mais la simplicité, en vertu justement du paradoxe, a pour effet d'empêcher les hommes de se tourner vers la spéculation, le raisonnement, etc., pour qu'ils se tournent vers l'existence, l'expression existentielle du

38 Kierkegaard, 2008, p. 360-361 (NB29.97, 1854 ; nous traduisons).
39 *Cf.* en particulier Kierkegaard, 1966 (1876), p. 145 et p. 189.
40 L'adjectif est en gras dans l'original danois.

> christianisme. C'est précisément dans le fait d'exister que réside la simplicité *[Det at existere det er just det Eenfoldige]*. Et c'est pourquoi tout ce qui est chrétien *[Christelige]* est marqué par le paradoxe, de sorte que l'on ne fasse pas l'erreur de penser que l'on devrait en venir à spéculer[41].

Dans l'auto-tromperie, l'on s'efforce, afin de se détourner de l'exigence, de comprendre le christianisme sur un mode qui n'est pas le sien : spéculatif et non éthique – transformant par là un « Tu dois » en doctrine. Ainsi elle délibère sans fin sur la nature du christianisme, et en particulier sur celle du paradoxe (qui est pourtant censé écarter de la spéculation). À ce propos, Kierkegaard note, en 1850 :

> L'intérêt de la foi est de poser une conclusion, la décision absolue *[absolut Afgjørelse]*, l'intérêt de l'entendement *[Forstandens Interesse]* est de maintenir « la délibération » dans la vie[42].

Mais plus exactement, en s'efforçant de comprendre le christianisme, l'entendement se place en surplomb par rapport à lui, tout en repoussant toute possible décision, puisqu'il n'est, estime-t-il, ni sage ni prudent de s'engager dès lors qu'il n'y a ni preuve ni certitude objective[43]. Mais si Kierkegaard ne rejette pas la notion de preuve, il considère que celle-ci ne « précède » pas mais au contraire « suit » la décision : la preuve s'acquiert *par* et non *pour* l'imitation[44]. Plus justement, ce qui s'acquiert n'est pas à proprement parler une « preuve » (qui, pour Kierkegaard, relève du domaine mathématique), mais une « conviction » (relevant du domaine existentiel)[45]. En conséquence, l'entendement se trompe ici lui-même et, dès lors, s'écarte de la vérité, afin, d'une part, de conserver son autonomie, et, d'autre part, de repousser les impératifs éthiques, tout cela pouvant être résumé en une seule formule : afin de ne pas avoir à *obéir*. Le monde veut donc être trompé : il s'enchaîne lui-même en se débarrassant de la vérité – il s'enchaîne dans le péché car

41 Kierkegaard, 2007b, p. 480 (NB20.162, 1850 ; nous traduisons).

42 *Ibid.*, p. 197-198 (NB17.50, 1850 ; nous traduisons).

43 *Cf.* Kierkegaard, 1977b (1846), p. 119.

44 *Cf.* Kierkegaard, 1966 (1876), p. 234-235. À ce titre également, Kierkegaard écrit dans ses *Papirer* que si le Christ avait souhaité les preuves qu'entend fournir la spéculation, il aurait conseillé à ses disciples « d'attendre un peu » (Kierkegaard, 2007b, p. 77 [NB15.110, 1850]).

45 *Cf.* Kierkegaard, 2002, p. 79-80 (NB1.102, 1947). Concernant la nature de la conviction (essentiellement liée à la subjectivité), *cf.* Kierkegaard, 1997, p. 107-109 (NB11.179, 1849).

« être libre de la vérité, c'est bien en être exclu, et en être exclu de son propre chef, c'est bien être lié[46] ». En résumé, il troque la vérité (reposant sur l'obéissance) contre la prudence (reposant sur le probable), alors même que le christianisme, parce qu'inconditionné, exige l'obéissance et récuse la prudence (mondaine)[47].

Kierkegaard dit encore que les hommes, dans la chrétienté (cet « eudémonisme dano-protestant[48] »), ont « esthétisé » l'impératif éthique en transformant un « Tu dois » universel en une tâche reposant sur la différence de talents et de dons. Il y a donc eu une confusion – intentionnelle – entre le « pouvoir » et le « vouloir », les hommes arguant qu'ils ne « peuvent » réaliser l'exigence éthique parce qu'ils ne « peuvent » la comprendre (confondant ainsi l'homme de génie (domaine esthétique) et le témoin de la vérité (domaine éthico-religieux)), alors qu'en réalité ils ne « veulent » pas la comprendre – précisément parce qu'alors, ils seraient forcés d'agir (ce qui les conduirait à la mort à soi-même, autrement dit, à la rupture d'avec le bonheur mondain). On trouve une explicitation de ce point dans un feuillet des *Papirer* :

> Cette forme de fraude apparaît fréquemment dans les affaires de la vie courante ; quand on accentue les tâches éthiques et que l'on pousse légèrement quelqu'un dans cette direction, il répond : « Je n'en ai pas la faculté *[Evne].* » La fraude consiste à transformer une tâche éthique en une tâche requérant des différences. [...]. L'exigence éthique qu'un homme témoigne pour la vérité n'est pas en rapport avec l'intellect, mais avec la volonté. L'exigence n'est pas qu'il devienne un génie – oh non, elle est assez simple ; mais elle est difficile pour la chair et le sang, et ainsi essaye-t-on de s'en tirer en agissant comme si cela n'était qu'affaire de différences esthétiques, tout en disant, *modestement* : « Je n'ai pas de telles facultés[49] ».

C'est donc ici une corruption de la volonté que critique Kierkegaard, corruption qui n'est en définitive que le péché lui-même. À ce titre, on lit dans *La Maladie à la mort* que « le péché [...] ne réside pas dans la connaissance, mais dans la volonté[50] ». Et cette corruption transparaît dans ce refus d'obéir qui s'épanouit dans la recherche de la probabilité, sommet de la vérité objective (qui abaisse donc l'absolu chrétien jusqu'à lui).

---

46 Kierkegaard, 1973 (1844), p. 16.
47 *Cf.* Kierkegaard, 2007c, p. 519-520 (NB25.107, 1852).
48 Kierkegaard, cité par Brézis, 1991, p. 264.
49 Kierkegaard, 2007b, p. 288 (NB18.57, 1850 ; nous traduisons).
50 Kierkegaard, 1971 (1849), p. 243-244.

En fin de compte, c'est donc bien la « prudence » qui est opposée par les hommes au christianisme. Mais cette prudence, qui n'est bien entendu que prudence « mondaine[51] » apparaît, nous l'avons dit, comme une volonté corrompue, et d'un point de vue chrétien, comme une imprudence essentielle. Kierkegaard écrit :

> Oh, la prudence est un ami dangereux. Il semble si tentant de ne pas agir, de se protéger soi-même – alors que l'on est sauf. Ah, mais à la longue, avec le recul, l'on devait découvrir qu'en un sens plus élevé, c'était imprudent[52].

C'est donc au moment où la vérité est réduite à la prudence humaine qu'elle devient non-vérité, autrement dit « péché » (pour reprendre la définition même des *Miettes philosophiques*, citée ci-dessus)[53]. En outre, le « péché de l'entendement » dont parle Kierkegaard semble bien correspondre à cette prudence qui entend tout relativiser, cette prudence qui, dépourvue de subjectivité (de passion) et par là incapable d'obéir, entend tout faire reposer sur des preuves – abolissant dès lors toute foi[54] :

> La prédominance de la raison chez l'homme instruit et sa tendance à l'objectivité opposeront toujours au devenir chrétien la résistance de la demi-mesure, ce péché de la raison *[Forstandens Synd]*[55].

C'est pour cette raison que Kierkegaard soutient que le chrétien doit essentiellement aller « contre » la prudence[56].

La rationalité que critique Kierkegaard repose par conséquent sur le probable (qui se résout en superstition[57]), tout en s'écartant volontairement de la vérité[58], afin de se maintenir dans un eudémonisme petit-bourgeois – débarrassé de l'absolu[59]. Il n'est dès lors

---

51 *Cf.* Compaijen, 2013, p. 28 : *« The critical reflections on* "ne quid nimis" *that we encounter in Kierkegaard's writings, then, should not be understood as critiquing every possible form of temperance. In these passages, as in many others, he opposes a tendency he detects in human nature : a tendency to indolence, laziness and comfort. What Kierkegaard opposes is, in other words,* mediocrity. *»*

52 Kierkegaard, 1997, p. 126 (NB11.203, 1849 ; nous traduisons).

53 *Cf.* Kierkegaard, 2003, p. 321 (NB10.128, 1849).

54 *Cf.* Kierkegaard, 1977a (1846), p. 28.

55 Kierkegaard, 1977b (1846), p. 283.

56 *Cf.* notamment Kierkegaard, 1966 (1876), p. 155-156 et 2003, p. 213 (NB9.27, 1849).

57 *Cf.* Kierkegaard, 2007c, p. 161 (NB22.105, 1851).

58 Alors précisément que le christianisme remplace tous les besoins de l'homme par celui de la vérité (*cf.* Kierkegaard, 1997, p. 81-82 [NB11.138, 1849]).

59 *Cf.* Kierkegaard, 1966 (1876), p. 242-243 : « Qu'est-ce que l'esprit de boutiquier *[Spidsborgerglighed]*, qu'est-ce que l'insensibilité spirituelle ? C'est, laissant de

plus question de considérer Kierkegaard comme un irrationaliste sous prétexte qu'il critique l'entendement : ce dernier, *sacrifiant* la vérité (au sens de la vérité éternelle[60]) au souci du bonheur mondain, est à tout le moins « déraisonnable ». En définitive, ce n'est pas à la « raison » que le Danois oppose la foi, mais à un entendement qui justifie son incroyance et son inaction par un recours fautif à l'objectivité.

LA RATIONALITÉ CHRÉTIENNE

Dans ce qui précède, nous avons vu à quelle « raison concrète » Kierkegaard opposait la foi chrétienne. Il nous reste ici à comprendre de quoi se compose cette « rationalité », ce qui nous permettra, en outre, de réfuter les accusations d'irrationalisme et de fidéisme portées contre lui. Pour ce faire, nous avancerons trois arguments : 1) la post-réflexivité de la foi, 2) le holisme de la raison et 3) la prudence chrétienne.

Dans *Crainte et tremblement*, Johannes de Silentio insiste lourdement sur le caractère « absurde » de la foi, ce qui, nous l'avons vu, a amené les premiers commentateurs et les premiers critiques à faire de Kierkegaard un penseur irrationaliste. Pourtant, un passage, dans cet ouvrage, éclaire cette notion d'« absurde », en la détachant de ce à quoi elle renvoie habituellement :

> L'absurde n'appartient pas aux différences comprises dans le cadre propre de la *raison [indenfor Forstandens eget Omfang]*. Il n'est pas identique à l'invraisemblable, l'inattendu, l'imprévu. Au moment où le chevalier se résigne, il se convainc de l'impossibilité selon les vues humaines ; tel est le résultat de l'examen rationnel *[Forstandens Resultat]* qu'il a l'énergie de faire. En revanche, au point de vue de l'infini, la possibilité demeure, au moyen de la résignation ; mais cette possession est en même temps une renonciation, sans être cependant une absurdité pour la raison *[Forstanden]* ; car celle-ci conserve son droit de soutenir que dans le monde fini où elle est souveraine, la chose est et demeure une impossibilité[61].

---

côté les idéaux, réduire la mesure à ce que nous sommes en cette vie. »

60 *Cf.* Kierkegaard, 1971 (1859), p. 85 : « [...] par "Vérité", j'entends constamment "la Vérité éternelle" ».

61 Kierkegaard, 1972 (1843), p. 139. Concernant la figure du « chevalier » chez Kierkegaard, voir Mooney, 1991.

L'absurde n'est donc pas réductible à l'entendement et par là ne peut être considéré comme une « contradiction logique » : il n'est pas similaire au « cercle-carré » qui, lui, s'offre à l'entendement qui peut l'étudier de sorte à en comprendre l'absurdité[62]. La foi chrétienne est absurde : elle désespère le croyant sentimental et scandalise le penseur spéculatif, précisément en ce sens qu'elle s'en remet absolument à Dieu. Le premier s'épouvante devant la « cruauté » du christianisme et le second, tout entier attaché à la probabilité et à la vraisemblance, s'insurge devant sa « folie ». L'homme de foi, en revanche, croit « contre » l'immédiateté et « contre » l'entendement, qu'à Dieu tout est possible. On lit dans *La Maladie à la mort* :

> Tout est possible à Dieu : tel est le point décisif; éternellement vrai, il l'est à tout moment. [...] ce mot [...] ne prend de valeur décisive que lorsqu'on est réduit à la dernière extrémité et qu'on ne voit plus de possibilité humaine. Il s'agit alors de savoir si l'on veut croire que tout est possible à Dieu, c'est-à-dire, si l'on veut *croire*. Mais cela équivaut tout à fait à perdre la raison *[Forstanden]*; croire, c'est justement perdre la raison *[Forstanden]* pour gagner Dieu[63].

La foi chrétienne s'oppose ainsi à l'immédiateté et à l'entendement, se protégeant contre eux grâce à l'absurde. Elle n'est donc pas une foi sentimentale (préréflexive), un « instinct immédiat du cœur[64] », qui ne s'est pas confronté à la spéculation, mais elle est une nouvelle immédiateté (postréflexive), qui contient la réflexion et, pour ainsi, dire, l'a épuisée :

> [...] le religieux est une immédiateté *nouvelle*; il comporte la réflexion [...]. Et qu'il est bien une immédiateté nouvelle, c'est ce que comprend aisément tout homme qui ne se contente pas de suivre l'honnête voie de la saine raison humaine *[en sund Menneskeforstands ærlige Vei]*[65].

Alors que l'homme immédiat s'en tient aux catégories de bonheur/malheur[66] et que le penseur spéculatif est tout à ce que Kierkegaard

---

62 *Cf.* Evans, 1998, p. 83 : « *To recognize a "square circle" as a formal contradiction one must have a fairly clear grasp of the concepts of "square" and "circle". In one sense at least, therefore, such a concept falls within the competence of reason; if it did not, reason could not properly classify it as a logical contradiction.* »

63 Kierkegaard, 1971 (1849), p. 195-196.

64 Kierkegaard, 1972 (1843), p. 139.

65 Kierkegaard, 1978 (1845), p. 149-150.

66 *Cf.* Kierkegaard, 1977b (1846), p. 125-126. La critique de la foi préréflexive vise d'une part Jacobi (*cf.* Kierkegaard, 1977a [1846], p. 94-98) et d'autre part l'évêque

nomme la « dialectique de la finitude[67] », autrement dit, au probable, la foi chrétienne, postréflexive, relève de ce que nous pourrions appeler la « dialectique de l'infinitude » : à la « possibilité » en son sens spirituel. On lit dans les *Papirer* : « La foi est véritablement cela : tenir ferme à la possibilité[68] », autrement dit, à la possibilité du salut – à Dieu. Le croyant immédiat peut désespérer ; le chrétien a désespéré et a trouvé la « santé de la foi » dans la possibilité[69]. Le penseur spéculatif, nous l'avons vu, s'en tient à la réflexion ; le chrétien, nous l'avons dit, l'a épuisée :

> Quand on est entièrement au bout de la réflexion, alors commence *la foi*[70]. À ce point, il est également insensé de présenter des probabilités ou des objections ; car pour être arrivé à la foi, il faut justement avoir épuisé tous ces provisoires. C'est pourquoi tout ce que peut inventer la réflexion, la foi l'a déjà examiné à fond[71].

La foi est donc postréflexive ; son objet est le paradoxe absolu ou encore l'absurde[72] : l'absolu incarné en un homme singulier à un moment précis de l'histoire. On pourrait dès lors relancer, sinon l'accusation d'irrationalisme (puisque l'entendement auquel s'oppose la foi ou plus exactement qui s'oppose à la foi est lui-même assez peu rationnel), du moins celle de fidéisme. Mais ce serait ignorer deux points fondamentaux.

Premièrement, le paradoxe absolu et l'absurde sont essentiellement incompréhensibles – ils sont ce que Kierkegaard nomme des « concepts négatifs » : ils se situent à la limite de la raison *(Fornuft)* et sont par là ce que l'homme a de plus élevé. Il est dès lors impossible de les dissoudre dans le non-sens[73]. Mais Kierkegaard n'évacue pas pour autant l'entendement (entendu comme simple

---

Mynster, garant de l'Église danoise et défenseur d'un christianisme « éveillé » (*cf.* Vergote, 1982, p. 75-76).

67 Kierkegaard, 2009, p. 281 (NB33.39, 1854 ; nous traduisons).

68 Kierkegaard, 2003, p. 101 (NB7.54, 1848 ; nous traduisons).

69 *Cf.* Kierkegaard, 1971 (1849), p. 197 : « Le croyant possède l'antidote éternellement infaillible contre le désespoir : la possibilité. Tout est possible à Dieu à chaque instant. C'est ici la santé de la foi qui résout les contradictions. Ici, la contradiction consiste en ce que la perte est sur le plan humain certaine, alors pourtant que la possibilité demeure. La santé est la faculté de résoudre les contradictions. »

70 Les deux mots sont en gras dans le texte original.

71 Kierkegaard, 2013, p. 193 (JJ :221, 1844).

72 *Cf.* Kierkegaard, 2007b, p. 178-179 (NB17.19, 1850).

73 *Cf. ibid.*, p. 23-24 (NB15.25, 1850). Evans insiste sur ce point en remarquant que le paradoxe absolu ne peut être une « contradiction formelle » au sens où il est « unique » : il est « le » paradoxe absolu. Au contraire, on peut trouver de multiples contradictions

faculté) ; au contraire, il indique que son rôle est de se confronter à l'incompréhensibilité du paradoxe, de comprendre qu'il ne peut pas comprendre : « C'est en effet une tâche pour la connaissance humaine de comprendre qu'il y a quelque chose, et ce qu'est ce quelque chose, qu'elle ne peut pas comprendre[74]. » Kierkegaard écrit encore dans les *Papirer*, en guise de définition de la foi :

> Qu'est-ce qu'avoir la foi ? C'est vouloir (ce que l'on *doit* parce que l'on *doit*), avec la peur de Dieu et l'obéissance inconditionnée, se défendre soi-même contre la vaine pensée de vouloir comprendre, et contre la vaine illusion d'être capable de comprendre[75].

Il y a donc ici, en quelque sorte, et comme le soutient McCombs, une « élévation » de l'entendement par ou encore dans la foi[76] ; quant à nous, nous parlerons plutôt de « purification » : l'entendement, en comprenant qu'il ne peut pas comprendre, esquisse ainsi son autocritique et s'extirpe de ce péché de prudence sur lequel Kierkegaard met l'accent. En conséquence, il n'y a pas de fidéisme au sens où la foi permettrait de saisir une vérité plus haute, permettrait de comprendre quelque chose d'inaccessible à la raison humaine – car alors la foi serait une faculté autonome, indépendante et supérieure à la raison.

Nous en venons à notre deuxième argument contre le fidéisme : la foi n'est pas, au sens de Kierkegaard, une « faculté », et par là, elle ne peut être ni autonome, ni indépendante, ni encore supérieure à la raison. La foi, telle qu'elle est décrite dans les *Miettes philosophiques*, est au contraire une « décision[77] » ; elle est cette « heureuse passion[78] » qui résulte de la rencontre heureuse entre l'entendement et le paradoxe, ceux-ci se heurtant « dans une commune intelligence de leur différence[79] », l'entendement comprenant qu'il ne peut essentiellement pas comprendre le paradoxe. – Et il s'agit bien ici d'une décision en ceci que l'homme, en reconnaissant son incapacité à saisir spéculativement le paradoxe, va à l'encontre de cette

formelles ou encore logiques, et aucune n'est plus ou moins « contradictoire » que l'autre (*cf.* Evans, 1998, p. 83).

74 Kierkegaard, 2002, p. 89 (NB1.125, 1847), cité par Clair, 1993, p. 99.

75 Kierkegaard, 1997, p. 43 (NB11.70, 1849 ; nous traduisons).

76 *Cf.* McCombs, 2013, p. 14-16.

77 *Cf.* Kierkegaard, 1973 (1844), p. 79 : « La conclusion de la foi n'est pas une conclusion *[slutning]*, mais une décision *[beslutning]*, et c'est pourquoi le doute se trouve exclu. »

78 *Ibid.*, p. 52.

79 *Ibid.*, p. 47.

maladie de la volonté qu'est le péché. – C'est en ce sens que la foi, comme l'écrit Kierkegaard, a « sa propre sphère, qualitativement supérieure[80] » à la dualité classique entre savoir et croyance et, par là, que le christianisme « n'est en aucun cas situé dans la sphère de l'intellect *[i Intellectualitetens Sphære]*[81] », mais dans celle de la volonté[82] (comme l'atteste sa « simplicité », tournée vers la réalisation de l'exigence – l'obéissance à Dieu). En outre, il n'y a pas ici d'irrationalisme ou de fidéisme puisqu'il y a bel et bien une utilisation négative de l'entendement, qui permet à ce dernier de s'élever à la foi, autrement dit, de se purifier (en tant que l'entendement était vicié par le péché, la foi étant précisément son envers[83]). Il n'y a en conséquence pas de vérité plus haute, accessible à la foi seule, mais tout bonnement la compréhension par l'entendement de cette vérité : le paradoxe absolu est incompréhensible ; dès lors, l'exigence n'a pas à être analysée spéculativement mais plutôt, après avoir épuisé la réflexion (en comprenant qu'elle ne pouvait être comprise), à être réalisée. En outre, le seul fait, pour Kierkegaard, de considérer l'absurde et le paradoxe absolu comme des « concepts négatifs », qui donc se tiennent « à la limite de la raison humaine », permet de comprendre qu'il n'y a pas, chez l'homme, la moindre possibilité de dépasser sa propre raison *(Fornuft)* – puisqu'il est impossible d'aller au-delà du paradoxe absolu. Somme toute, la foi consiste à prendre conscience des limites de la raison et à les accepter, l'individu s'ouvrant ainsi pleinement à l'obéissance divine.

Après avoir, à travers la thèse de la post-réflexivité de la foi, éloigné Kierkegaard des mouvances irrationalistes et fidéistes, nous allons pouvoir esquisser assez rapidement les deux derniers arguments, qui concernent plus spécifiquement de la rationalité chrétienne.

Nous en arrivons donc ici à la thèse du holisme de la raison.

La grande critique qu'adresse Kierkegaard aux tenants de la spéculation, et ce tout au long de son œuvre, porte sur le décalage

80 Kierkegaard, 2008, p. 84 (NB26.82, 1852 ; nous traduisons).
81 Kierkegaard, 2009, p. 14 (NB31.11, 1854 ; nous traduisons).
82 *Cf.* Kierkegaard, 2009, p. 254-255 (NB33.13, 1854).
83 *Cf.* Kierkegaard, 1971 (1849), p. 238 : « […] *le contraire du péché, c'est la foi* […]. Et c'est l'une des déterminations les plus décisives pour tout le christianisme que le contraire du péché n'est pas la vertu, mais la foi. » En outre, en venir à considérer, en fidéiste, la foi comme une « faculté », reviendrait à dire que le péché est une faculté, ce qui semble difficilement soutenable.

immense entre leur pensée et leur vie. De la « chevelure en tapis-brosse[84] » à la « niche du chien[85] », le Danois remet en question leur rationalité, qui s'applique au seul domaine théorétique. Ainsi, dans *Jugez vous-mêmes*, il fait de cette distance le modèle même de l'ivresse mondaine, lui opposant la sobriété chrétienne, qu'il identifie à la « vérité subjective », autrement dit : à la foi[86]. Considérant que la sobriété consiste à mettre en pratique ce que l'on croit – la réduplication *(Reduplikation)*[87] –, Kierkegaard s'inscrit au sein même de la tradition socratique[88]. Au sens de Kierkegaard, la rationalité n'est donc pas exclusivement théorétique, mais, pour reprendre le terme de McCombs, « holistique[89] ». Il ne s'agit pas d'augmenter sa connaissance en s'épuisant toujours davantage hors de soi (logique extensive), mais de tendre vers soi-même, vers son « être-vrai », en rédupliquant (logique intensive[90]). On lit dans *Jugez vous-mêmes* :

> On craint qu'en se tournant vers le dedans, [la connaissance] n'éclaire l'état d'ivresse qui y règne, ne démasque l'envie d'y rester, qu'elle n'arrache enfin à cet état et, par suite, ne rende impossible un retour à cette ivresse tant désirée. Pour le christianisme, au contraire, c'est justement cette orientation interne de la connaissance qui rend l'homme sobre ; seul l'est tout à fait celui dont la connaissance est action ; aussi n'est-il nul besoin de tant s'appliquer à élargir son savoir, quand il s'agit simplement de veiller à son intériorisation ; [...] pour lui, l'homme sobre est celui dont le savoir est modeste, mais intériorisé et traduit en action, et l'homme complètement ivre, celui dont le savoir immense va dans la direction opposée[91].

Il y a donc chez Kierkegaard, d'une part, une remise en question de la rationalité « pure », et, d'autre part, une accentuation de la rationalité « pratique », la plus haute vérité, autrement dit, la vérité subjective, correspondant à la réduplication. Cette distinction entre la vérité objective et la vérité subjective s'intensifie d'autant

84 *Cf.* Kierkegaard, 1977a (1846), p. 183.
85 *Cf.* Kierkegaard, 1971 (1849), p. 201.
86 *Cf.* Kierkegaard, 1977a (1846), p. 189-190 : « Voici une telle définition de la vérité [subjective] : *l'incertitude objective, maintenue dans l'appropriation de l'intériorité la plus passionnée, est la vérité*, la plus haute vérité qui soit pour *un existant*. [...]. Mais la définition donnée de la vérité est une transcription de celle de la foi. »
87 *Cf.* Kierkegaard, 2003, p. 41 (NB6.57, 1848 ; nous traduisons) : « Rédupliquer, c'est être ce que l'on dit *[At reduplicere er at være det man siger]*. »
88 *Cf.* notamment Kierkegaard 1977a (1846), p. 187*sq.* et 1971 (1849), p. 201.
89 McCombs, 2013, p. 3.
90 Au sujet de la distinction entre logique extensive et logique intensive, voir Gonzalez, 1999, p. 176*sq.*
91 Kierkegaard, 1966 (1876), p. 169-170.

plus dans le cadre du christianisme. Comme nous l'avons vu, le christianisme ne peut, en vertu du paradoxe, être compris théorétiquement, mais seulement éthiquement : comprendre le christianisme, ce n'est donc pas être en mesure de disserter sur lui, mais c'est agir en chrétien. Dans les *Œuvres de l'amour*, par exemple, Kierkegaard écrit :

> Le simple sage de l'Antiquité qui, tout au service de la connaissance, jugeait le paganisme, était maître dans l'art d'interroger; il savait par ses questions surprendre en état d'ignorance quiconque lui répondait. Mais le propre du christianisme, qui n'envisage pas la connaissance, mais l'action, est de répondre et, par sa réponse, d'atteler chacun à la tâche[92].

Selon Kierkegaard, le christianisme, parce qu'éminemment « simple », ne repose donc pas sur la spéculation, la théologie, l'apologétique, etc., mais sur l'action. Il ne s'agit pas de savoir ce que signifie spéculativement le fait de « mourir à soi-même », mais de s'efforcer de mourir à soi-même[93] – le commandement étant « Tu dois aimer[94] » et non pas « Tu dois comprendre ce que signifie le terme "aimer" » :

> L'éthique a assez de tâches pour moi. Dois-je savoir comment fonctionne le système digestif pour être capable de manger ? Ou ai-je besoin de connaître le fonctionnement du système nerveux – pour pouvoir croire en Dieu et aimer les hommes[95] ?

Or, comme nous l'avons dit, la « simplicité » du christianisme n'est pas une simplicité immédiate mais postréflexive (immédiateté seconde), et c'est précisément pour cette raison que l'on peut qualifier sa rationalité d'holistique – dès lors qu'elle est pathético-dialectique[96]. Il y a par conséquent une véritable rationalité chrétienne, qui n'est certes pas la rationalité « spéculative » (s'appuyant exclusivement sur le théorétique), mais une rationalité « totale »

92 Kierkegaard, 1980 (1847), p. 88.

93 *Cf. ibid.*, p. 7 : « [...] la tâche de l'amour, son exigence, c'est de renoncer à soi en se dépouillant de l'amour de soi, caractéristique de l'amour charnel. »

94 *Cf.* par exemple *ibid.*, p. 39.

95 Kierkegaard, 2002, p. 60 (NB1.70, 1846 ; nous traduisons).

96 *Cf.* Horeau, 2013, p. 648 : « Certes, une transition strictement dialectique resterait sur le papier. Mais une transition purement pathétique ne serait que folie. Il ne s'agit pas d'éliminer l'un des deux pôles, mais de les réunir dans la simultanéité de l'existence, où l'agir et la pensée s'appellent mutuellement. Le saut qualitatif kierkegaardien n'est pas le cheval de Troie de l'irrationalisme, mais la pièce maîtresse d'une pensée qui ambitionne d'articuler la passion subjective et l'exercice de la raison. »

(consistant à conjuguer pensée et action, réalisant ainsi la primitivité essentielle de l'individu : cette synthèse de fini et d'infini, de temporel et d'éternel[97]). Deux points sont donc ici à retenir : la rationalité chrétienne est « éthique » et s'incarne dans la réduplication (il est donc absurde de la qualifier d'irrationnelle parce qu'elle serait théorétiquement incompréhensible ; précisément parce qu'elle doit être comprise sur un autre plan : celui de la volonté, de l'action, et non celui de l'intellect) ; c'est à travers la réduplication que l'individu tend vers son « être-vrai », sa « primitivité » : la rationalité chrétienne permet ainsi de *réaliser* la vérité (qui n'est pas une doctrine, mais une vie).

Nous passons à notre dernière thèse : celle de la prudence chrétienne.

Selon Kierkegaard, nous l'avons dit, l'homme est naturellement scandalisé par le christianisme, qui met l'accent sur l'inconditionné, tandis que la vie humaine ne va guère plus loin que le *ne quid nimis*. Cette réaction est donc essentielle à l'homme naturel et, à vrai dire, essentielle au christianisme, puisqu'elle permet la foi[98]. La question qu'il nous reste à nous poser ici est : qu'est-ce qui permet à l'homme naturel de suspendre le scandale pour la foi ? Autrement dit : de s'élancer dans le christianisme, de mourir à soi-même, au monde – de s'en remettre inconditionnellement à Dieu ? Il est intéressant de remarquer que les commentateurs et contradicteurs de Kierkegaard qui le voient comme un « irrationaliste » ou un « fidéiste » s'attardent assez peu sur ce point. Le Danois évoque certes le « saut », il parle certes du « risque », mais il s'agit maintenant de contextualiser ces catégories, en d'autres termes, de comprendre *comment* un individu peut être amené à effectuer le saut de la foi – à risquer son entendement et sa vie pour la foi. Sur cette question, Kierkegaard est particulièrement explicite dans la dernière partie de son œuvre. Il écrit par exemple, dans les *Œuvres de l'amour* : « Le christianisme a ainsi découvert un danger qui s'appelle la perdition éternelle. Le monde a trouvé ce danger ridicule[99]. » Et c'est précisément parce que le christianisme entre essentiellement en lutte avec le péché que Kierkegaard le rapproche d'une médecine (à savoir, d'une discipline à haute teneur rationnelle), une médecine radicale parce qu'absolue. Il note dans ses *Papirer* :

97 *Cf.* Kierkegaard, 1971 (1849), p. 171.
98 *Cf.* Kierkegaard, 1982 (1850), p. 132.
99 Kierkegaard, 1980 (1847), p. 180.

> Si tu n'es pas conscient d'être un pécheur à un tel degré que dans l'angoisse de la conscience angoissée *[i den ængstede Samvittigheds Angest]*, tu n'oses rien d'autre que de te commettre avec le Christ, alors tu ne seras jamais chrétien. Seule l'agonie de la conscience du péché *[Syndsbevidsthedens Qval]* peut expliquer que l'on veuille se soumettre à cette cure radicale *[Radicalcour]*. Devenir chrétien est l'opération la plus affreuses de toutes. De la même manière qu'un homme se sentant légèrement indisposé ne se soumettra pas à l'opération la plus pénible, un homme ne se commettra pas avec le christianisme si le péché ne lui cause une douleur épouvantable[100].

Ce n'est donc qu'après avoir pris conscience de son propre péché que l'homme peut véritablement entrer en contact avec le christianisme. Le risque chrétien, consistant à suspendre le scandale par la foi, à repousser l'entendement humain et le *ne quid nimis*, trouve par conséquent sa rationalité à travers la conscience du péché. Dès lors, c'est en lâchant la prudence humaine (qui ne connaît pas la perdition éternelle) – et qui aux yeux de Dieu est imprudente – que l'homme peut en venir à tout risquer – par prudence chrétienne. Il n'est donc « irrationnel » de se lancer dans le christianisme, exigeant la mort à soi-même, qu'en-dehors de la conscience du péché, celle-ci permettant très exactement de « traverser la fine ligne qui sépare la folie désespérée – et le christianisme[101] ». Kierkegaard admet par conséquent, avec l'entendement et la prudence, que le christianisme est une absurdité, quoiqu'il ajoute ceci : *si* l'on ignore la perdition éternelle. En revanche, dès lors que l'individu en prend conscience, et l'homme *doit* en prendre conscience, il est absurde de s'accrocher à l'entendement et à la prudence, qui baignent essentiellement dans l'atmosphère du péché.

CONCLUSION

À travers cette étude, nous avons pu nous rendre compte de ce à quoi renvoyait Kierkegaard à travers sa critique de l'entendement *(Forstand)* : à une faculté viciée, rejetant tous les autres modes de rationalité en les accusant d'irrationalisme, ce qui lui permet, d'une part, de garder son monopole, et, d'autre part, d'échapper à toute

100 Kierkegaard, 2003, p. 316 (NB10.112, 1849; nous traduisons).
101 Kierkegaard, 1997, p. 99 (NB11.166, 1849; nous traduisons).

décision. Par conséquent, la critique kierkegaardienne ne porte pas sur « la raison » en elle-même (raison normative), mais sur une certaine rationalité (raison concrète) qui, à de nombreux égards, s'écarte de la vérité, la fuyant ou encore la combattant – par « prudence ». Nous avons vu, par la suite, quelle rationalité défendait Kierkegaard, à travers, en premier lieu, une purification de l'entendement par la foi (ce qui, par là, écarte du Danois le reproche de fidéisme), puis, une perception holistique de la raison (qui n'opère pas la moindre réduction au théorétique, mais s'applique à lier pensée et action) et finalement, un risque chrétien effectué contre la « prudence » – par prudence. Cette étude, bien entendu, ne prétend pas à l'exhaustivité, et d'autres arguments restent encore à développer (portant notamment sur la primitivité de la foi). Mais il nous semble avoir ici mis en question les accusations d'irrationalisme et de fidéisme avec assez de force pour, sinon les balayer, tout au moins les affaiblir. Nous conclurons cette recherche par le texte d'ouverture des *Œuvres de l'amour* qui, sans doute, peut à lui seul la résumer :

> S'il était vrai [...] que l'on ne doit rien croire que l'on ne voie de ses yeux, il faudrait d'abord cesser de croire à l'amour. Et si l'on agissait ainsi, si l'on agissait par crainte d'être trompé, ne le serait-on pas justement ? Car il y a maintes façons de l'être : en recevant le faux, mais encore en refusant d'accepter le vrai ; en étant dupe de l'apparence, mais encore d'un faux-semblant de sagesse, d'une flatteuse présomption d'être à l'abri de l'illusion. Mais quelle illusion est la plus dangereuse ? De qui la guérison est-elle la plus douteuse : de celui qui ne voit pas, ou de celui qui voit sans voir ? Quel est le plus difficile : d'éveiller le dormeur, ou d'éveiller le rêveur qui rêve en plein jour qu'il est éveillé[102] ?

102 Kierkegaard, 1980 (1847), p. 5.

BIBLIOGRAPHIE

Brézis, David, *Temps et présence. Essai sur la conceptualité kierkegaardienne*, Paris, Vrin, 1991.

Chestov, Léon, *Kierkegaard et la philosophie existentielle. Vox clamantis in deserto*, trad. T. Rageot et B. Schoelzer, Paris, Vrin, 1998 (1936).

Clair, André, *Kierkegaard. Penser le singulier*, Paris, Cerf, 1993.

Compaijen, Rob, « "*Ne Quid Nimis*." Kierkegaard and the Virtue of Temperance », *Kierkegaard Studies Yearbook* 19, 2014/1, p. 3-28.

Evans, Christian Stephen, *Faith beyond Reason. A Kierkegaardian Account*, Grand Rapids (Michigan), William B. Eerdmans, 1998.

Gonzalez, Dario, *Essai sur l'ontologie kierkegaardienne. Idéalité et détermination*, Paris, L'Harmattan, 1999.

Hegel, Georg Wilhelm Friedrich, *Phénoménologie de l'esprit*, t. 2, trad. J. Hyppolite, Paris, Aubier, 1941 (1807).

Hegel, Georg Wilhelm Friedrich, *La Différence entre les systèmes philosophiques de Fichte et de Schelling*, trad. B. Gilson, Paris, Vrin, 1986 (1801).

Horeau, Mathieu, « Saut qualitatif et rationalité. La position philosophique de Kierkegaard », *Archives de philosophie* 76, 2013/4, p. 635-649.

Kierkegaard, Søren, *Jugez vous-mêmes*, trad. P.-H. Tisseau et E.-M. Jacquet-Tisseau, Paris, Éditions de l'Orante, coll. « Œuvres complètes de Søren Kierkegaard » XVIII, 1966 (1876).

Kierkegaard, Søren, *Point de vue explicatif de mon œuvre d'écrivain. Deux petits traités éthico-religieux. La Maladie à la mort. Six discours*, trad. P.-H. Tisseau et E.-M. Jacquet-Tisseau, Paris, Éditions de l'Orante, coll. « Œuvres complètes de Søren Kierkegaard » XVI, 1971 (1849-1859).

Kierkegaard, Søren, *Crainte et tremblement*, trad. P.-H. Tisseau et E.-M. Jacquet-Tisseau, Paris, Éditions de l'Orante, coll. « Œuvres complètes de Søren Kierkegaard » V, 1972 (1843).

Kierkegaard, Søren, *Miettes philosophiques*, trad. P.-H. Tisseau et E.-M. Jacquet-Tisseau, Paris, Éditions de l'Orante, coll. « Œuvres complètes de Søren Kierkegaard » VII, 1973 (1844).

Kierkegaard, Søren, *Post-Scriptum définitif et non scientifique aux Miettes philosophiques*, t. 1, trad. P.-H. Tisseau et E.-M. Jacquet-Tisseau, Paris, Éditions de l'Orante, coll. « Œuvres complètes de Søren Kierkegaard » X, 1977a (1846).

Kierkegaard, Søren, *Post-Scriptum définitif et non scientifique aux Miettes philosophiques*, t. 2, trad. P.-H. Tisseau et E.-M. Jacquet-Tisseau, Paris, Éditions de l'Orante, coll. « Œuvres complètes de Søren Kierkegaard » XI, 1977b (1846).

KIERKEGAARD, Søren, *Stades sur le chemin de la vie*, trad. P.-H. TISSEAU et E.-M. JACQUET-TISSEAU, Paris, Éditions de l'Orante, coll. « Œuvres complètes de Søren Kierkegaard » IX, 1978 (1845).

KIERKEGAARD, Søren, *Les Œuvres de l'amour*, trad. P.-H. TISSEAU et E.-M. JACQUET-TISSEAU, Paris, Éditions de l'Orante, coll. « Œuvres complètes de Søren Kierkegaard » XIV, 1980 (1847).

KIERKEGAARD, Søren, *L'École du christianisme*, trad. P.-H. TISSEAU et E.-M. JACQUET-TISSEAU, Paris, Éditions de l'Orante, coll. « Œuvres complètes de Søren Kierkegaard » XVII, 1982 (1850).

KIERKEGAARD, Søren, *Journalerne NB11-NB14*, København, Gads Forlag, coll. « Søren Kierkegaards Skrifter » 22, 1997.

KIERKEGAARD, Søren, *Journalerne NB-NB5*, København, Gads Forlag, coll. « Søren Kierkegaards Skrifter » 20, 2002.

KIERKEGAARD, Søren, *Journalerne NB6-NB10*, København, Gads Forlag, coll. « Søren Kierkegaards Skrifter » 21, 2003.

KIERKEGAARD, Søren, *Journaux et cahiers de notes*, t. 1 : *Journaux AA-DD*, trad. E.-M. JACQUET-TISSEAU, Paris, Éditions Fayard – Éditions de l'Orante, 2007a.

KIERKEGAARD, Søren, *Journalerne NB15-NB20*, København, Gads Forlag, coll. « Søren Kierkegaards Skrifter » 23, 2007b.

KIERKEGAARD, Søren, *Journalerne NB21-NB25*, København, Gads Forlag, coll. « Søren Kierkegaards Skrifter » 24, 2007c.

KIERKEGAARD, Søren, *Journalerne NB26-30*, København, Gads Forlag, coll. « Søren Kierkegaards Skrifter » 25, 2008.

KIERKEGAARD, Søren, *Journalerne NB31-36*, København, Gads Forlag, coll. « Søren Kierkegaards Skrifter » 26, 2009.

KIERKEGAARD, Søren, *Journaux et cahiers de notes*, t. 2 : *Journaux EE-KK*, trad. E.-M. JACQUET-TISSEAU et F. FLEINERT-JENSEN, Paris, Éditions Fayard – Éditions de l'Orante, 2013.

MCCOMBS, Richard, *The Paradoxical Rationality of Søren Kierkegaard*, Bloomington, Indiana University Press, 2013.

MOONEY, Edward, *Knights of Faith and Resignaion : Reading Kierkegaard's Fear and Trembling*, New York, SUNY Press, 1991.

POUIVET, Roger, *Épistémologie des croyances religieuses*, Paris, Cerf, 2013.

RIMBAUD, Arthur, *Œuvres complètes*, Paris, Gallimard, coll. « Bibliothèque de la Pléiade », 2009.

VERGOTE, Henri-Bernard, *Sens et répétition. Essai sur l'ironie kierkegaardienne*, t. I, Paris, Cerf – Éditions de l'Orante, 1982.

WAHL, Jean, *Études kierkegaardiennes*, Paris, Vrin, 1938.

Écriture et société

Collection dirigée par Matthieu ARNOLD

DERNIERS VOLUMES PARUS

2. Matthieu ARNOLD (éd.), *Jean Calvin : les années strasbourgeoises (1538-1541)*. Actes du colloque de Strasbourg (8-9 octobre 2009) à l'occasion du 500e anniversaire de la naissance du Réformateur, 2010.
3. *Anthologie protestante de la poésie française (XVIe-XIXe siècles)*. Textes édités par Philippe FRANÇOIS, préface d'Olivier MILLET, 2011.
4. Matthieu ARNOLD, Christophe TOURNU (éd.), *La Bible de 1611. Sources, Écritures & Influences / The King James Version. Sources, Writings & Influences*, 2013.
5. *Usages et mésusages de l'Écriture. Approches interdisciplinaires de la référence scripturaire*. Textes réunis par Daniel FREY, Christian GRAPPE et Madeleine WIEGER, 2014.
6. Gilbert DAHAN, *Études d'exégèse médiévale. Ancien Testament*, 2017.
7. Matthieu ARNOLD, Karsten LEHMKUHLER, Marc VIAL (éd.), *« La vie tout entière est pénitence... » Les 95 thèses de Martin Luther*, 2018.
8. Christian GRAPPE, Marc VIAL (éd.), *Connaissance et expérience de Dieu. Modalités et expressions de l'expérience religieuse*, 2019.

Presses Universitaires de Strasbourg

5 allée du Général Rouvillois
F-67083 STRASBOURG CEDEX

ÉTUDE CRITIQUE

L'espérance mélancolique

Gilbert Vincent
Université de Strasbourg –
Faculté de Théologic protestante
(UR 4378)

Jérôme Porée, *L'espérance mélancolique. Un dialogue entre philosophie et psychiatrie sur le temps humain*, Paris, Hermann, coll. « Tuchè », 2020, 308 p., ISBN 979-10-370-0365-2.

L'INTRIGANTE QUESTION : POURQUOI LES SUJETS MÉLANCOLIQUES NE METTENT-ILS PAS PLUS SOUVENT FIN À LEURS JOURS ?

Le titre de l'ouvrage de Jérôme Porée, paru chez Hermann en 2020, est un bel oxymore, qui, quant au contenu même, n'est pas sans en évoquer un autre, célèbre : « obscure clarté ». Cependant, plus qu'avec ce dernier, le lecteur peut éprouver un léger embarras. Comment comprendre « espérance mélancolique » : s'agit-il, comme le voudrait probablement la distribution du substantif et de l'adjectif, d'un ouvrage sur l'espérance, et plus précisément sur quelque variété inédite de celle-ci ? Le lecteur s'aperçoit bientôt que tel n'est pas le cas, même s'il le regrette, songeant qu'une thématique semblable pourrait opportunément corriger, sinon les accents peu ou prou triomphalistes de l'usage du vocable d'espérance, du moins la connotation de « happy end » qui généralement l'accompagne. Comme si espérer devait signifier surmonter tout doute ou être assuré de se trouver un jour à l'abri de tout malheur et de toute déconvenue !

Comme si, à l'inverse, l'on pouvait oublier que « J'espère » a pour complément, sous-entendu non exprimé mais nullement accessoire : « malgré… ». Malgré quoi ? Malgré le démenti que la réalité inflige à notre attente du meilleur, sans doute ; mais, plus encore, malgré le désespoir qui étreint le sujet espérant, un désespoir – on aurait alors affaire à un paradoxe – que n'éteint pas l'espérance, que celle-ci attise peut-être au contraire. De fait, le lecteur ne tarde pas à découvrir que la réflexion de Jérôme Porée nous entraîne au plus près de ce paradoxe. Et ce, non à partir de l'espérance même, mais à partir de ce qui paraît lui être le plus étranger : la mélancolie.

Le sujet premier de l'ouvrage est en effet la mélancolie[1]. Plus exactement, le sujet mélancolique, le sujet en proie à ce que l'on nomme habituellement « dépression », que l'on nommait autrefois « acédie » et que l'on expliquait, en s'appuyant sur la théorie des humeurs, comme la manifestation d'un excès de bile noire. Certes, ce genre d'explication ne fait plus recette aujourd'hui, remplacé qu'il est par des explications faisant référence à des troubles endocriniens ou, plus encore, à des dysfonctionnements neurologiques. Ce n'est pourtant pas à des explications de ce type que Jérôme Porée s'attache. Le lecteur ne tarde pas à découvrir pourquoi : les explications organiques, quelle qu'en puisse être la pertinence, portent finalement plus sur la maladie que sur le sujet malade ; aussi l'espérance n'entre-t-elle pas dans le champ des choses à expliquer : elle est considérée – ou, sinon elle, du moins l'interruption de la désespérance du malade – comme faisant partie – même si rarement ! – des conséquences positives des traitements. Tel est pourtant le défi que notre auteur entend relever : montrer que l'espérance est bien d'un *sujet*, qu'il importe de ne pas oublier que le patient est et reste un sujet, que ce qui lui arrive, en fait de maladie, modifie – et parfois considérablement – son expérience du temps et ses relations avec les autres mais ne les détruit pas entièrement. Même si, dans la maladie, ses capacités d'initiative semblent considérablement amputées – comment nier qu'elles le soient, en effet –, le sujet reste un sujet humain en ce sens fondamental que, comme tout autre, il entretient un rapport encore actif au temps – l'auteur nous montrera de quelle nature est cet étrange rapport. Énonçons d'emblée la thèse défendue dans l'ouvrage : l'évident effondrement de la structuration temporelle, dans la maladie, ne

1 Dans une perspective phénoménologique, le champ de la mélancolie est plus large qu'en psychiatrie.

place pas le malade en-dehors du temps ni ne le plonge dans une temporalité en quelque sorte brute, simplement « physique ». Mais l'auteur ne se contente pas de cette formulation négative : tout son ouvrage est un déploiement patient et rigoureux des implications positives du précédent énoncé.

Qu'en est-il donc de la vie du *sujet mélancolique*, comment éprouve-t-il le temps ou, plus exactement, ce qui fait que le temps est humain, à savoir l'articulation des trois moments que sont présent, passé et futur ?

Il convient, avant tout, de noter combien les mots ont leur importance : dire que l'« on s'*intéresse* » au malade, c'est déjà avoir fait un pas inquiétant, loin du malade, en direction d'une maladie dont on cherche surtout à scruter les symptômes chez lui. Si au contraire l'on entend résister à ce déplacement presque inévitable du regard, d'un sujet singulier vers un objet générique, ne faut-il pas dire, au risque de devoir insister, que l'« on prête attention » au sujet qu'il est et que, ce faisant, on ne fait que lui rendre ce qu'il requiert de nous en tant que sujet éthique ? Faute de le faire, c'est la maladie qui devient le « sujet », et l'on ne peut que la définir en termes de manque. Cette définition plombe le regard posé sur le malade : il devient celui qui ne peut plus... De fait, l'ouvrage de Jérôme Porée est sous-tendu par cette mise en garde discrète, mais ferme : sous le regard de l'observateur, les signes massifs de « diminution » risquent de faire obstacle à la compréhension de la nature de l'« altération » de la vie vécue par le malade. Sa vie, oui : une vie qui ne se réduit pas à une simple survie. On ne saurait dire que le sujet survit seulement, en effet : il « se maintient en vie » ; ce qui est autre chose que survivre car, ainsi que nous le découvrons à la lecture de l'ouvrage, ce maintien est une forme de rapport actif à soi, aussi douloureux, aussi pathétique soit-il pour le sujet mélancolique. Parler de l'*expérience* du malade en termes d'altération, au demeurant, n'est-ce pas suggérer que cette expérience nous concerne en tant qu'elle est celle d'un sujet « autre » mais non tout autre, qu'elle est celle d'un *semblable*, c'est-à-dire d'un autre qui pourrait être nous, un autre que nous pourrions devenir et que, déjà, nous pouvons reconnaître en nous comme l'une de nos possibilités ? Inquiétante découverte, qui pourrait nous amener à douter de la fiabilité de nos repères temporels normaux ! Hors la maladie, la temporalité nous paraît une ressource assurée, en effet ; il nous semble qu'« avoir le temps », c'est, fondamentalement, disposer d'un présent, d'un passé et d'un futur et, par là-même, des multiples relations qui, tissées entre ces instances, nous dotent de ces précieuses capacités que sont *mémoire et attente*. Mais voilà que, face à l'expérience de la mélancolie, nous sommes contraints d'interroger l'évidence : qu'est-ce donc qui nous fait croire que nous disposons du temps comme nous disposons d'autres ressources ? Et à supposer qu'un certain type de croyance soit impliqué dans notre rapport au temps, sur quoi cette croyance est-elle gagée, qu'est-ce qui nous assure qu'elle n'est pas pure illusion ?

Telles sont les premières questions que notre auteur invite le lecteur à se poser. Mais, au moment de nous engager dans le superbe parcours théorique que l'auteur a soigneusement aménagé à notre intention, il importe de prendre acte de ce point, qui relève plus de l'éthique que de la déontologie : les malades auxquels il sera constamment fait référence dans l'ouvrage, sous la plume des auteurs cités comme sous celle de Jérôme Porée, sont tels qu'ils se révèlent au regard attentif de leurs soignants : des médecins, certes, et plus précisément des psychiatres, mais des psychiatres d'un type particulier, dont la pratique porte la marque d'un long commerce avec certaines œuvres philosophiques – celles de Bergson, Husserl et Heidegger – comme avec la psychanalyse. Parler d'« attention » – il faut insister là-dessus –, c'est rappeler que ce que ces médecins nous apprennent sur les malades, c'est plus que ce que l'observation « objective » leur a permis d'apprendre, c'est ce que la parole des malades leur a permis d'entendre quant au sens de leur propre expérience. La précision s'impose : ce que ces médecins ont pu entendre, ils l'ont entendu dans le cadre, nullement accessoire, de rapports *de soin* ; lesquels n'ont d'existence qu'à partir de ce qui les rend possibles : des relations *de confiance*. Autrement dit, des relations de sujet à sujet.

En se faisant l'interprète de ces médecins, théoriciens lecteurs de philosophes, Jérôme Porée, dont l'ouïe s'est affinée à l'écoute des mêmes philosophes, est plus qu'un intermédiaire : il fait office de médiateur. Triplement médiateur puisque, d'une part, il organise, entre les psychiatres dont il nous présente la pensée, un dialogue exigeant à propos du sens de l'expérience des malades. Dialogue fictif, certes, mais nous devrions avoir appris que la fiction peut être un assez bon instrument heuristique. D'autre part, il fait intervenir dans ce dialogue des partenaires étrangers à la discipline médicale, des philosophes. Jérôme Porée réussit à nous convaincre que si ces mêmes philosophes ont effectivement inspiré ces psychiatres, leur conceptualité ne sort pas intacte de l'usage que les thérapeutes en ont fait. Ainsi n'avons-nous pas affaire, avec l'ouvrage de Jérôme Porée, à une nouvelle étude érudite consacrée à l'influence exercée par des spécialistes sur d'autres, mais à l'*invention* d'un dialogisme original et fécond entre des quêteurs de sens – l'objet de leur quête étant rien moins que le sens de l'humain – appartenant à des disciplines différentes. Dernier dialogue enfin, et non des moindres : celui dans lequel notre auteur intervient directement en vue d'éclairer la question laissée longtemps en suspens : qu'est-ce qui, dans l'expérience du temps des mélancoliques, résiste à l'évident effondrement de la structuration temporelle « normale » ? Qu'est-ce qui, pour dire les choses crûment, « explique » que relativement peu nombreux parmi les mélancoliques sont ceux que l'excès de souffrance conduit à se suicider ?

Peut-être, face à la réponse avancée par l'auteur, pouvons-nous mieux percevoir la signification du fait que, dans le titre de l'ouvrage, « mélancolique » se trouve en position d'adjectif. Ce choix, syntaxique en apparence, est épistémologique, et même éthique, en réalité : il témoigne de la décision de ne pas abandonner les malades… à la maladie, ou plutôt à la définition organique qui a généralement cours. Il exprime l'intention de ne pas ajouter au malheur que représente la quasi impossibilité où sont les malades d'entrer dans des relations interpersonnelles vives, ouvertes, ce malheur supplémentaire : voir leur parole traitée comme un symptôme, non comme une parole signifiante, une parole adressée. Le « don » de médicaments pourra-t-il jamais compenser la raréfaction, dans l'univers institutionnel contemporain, de ce don éminemment précieux qu'est la *présence*, et tout particulièrement, compte tenu de l'objet de l'étude, celle du thérapeute ? Le thérapeute peut-il se vouloir et se rendre proche et ne pas prendre le temps d'écouter et de chercher à comprendre le sens de cet « événement » qu'est la maladie pour le malade ? Prendre le temps de se rendre proche ; afin, si possible, de rendre le temps au sujet malade et de rendre le sujet au monde commun ; un monde qui n'est vivable que parce qu'il y a place en lui pour l'événement, l'inattendu, la rencontre : toutes réalités que le malade appréhende comme autant de preuves de l'hostilité du monde !

Les thérapeutes que notre auteur a tenu à faire dialoguer ont un air de famille : ils appartiennent au courant de la « psychiatrie phénoménologique». Ils ont été choisis en raison de leur manière de comprendre, et les malades, et la relation thérapeutique ; mais aussi, redisons-le, en raison de l'accueil qu'ils ont su réserver à des catégories élaborées par des philosophes contemporains. Chez notre auteur, comme chez ses hôtes, le désir de « comprendre mieux » le sens de l'expérience mélancolique – désir qui, pas plus que chez Paul Ricœur (souvent présent dans ces pages), ne saurait être opposé au souci de s'enquérir de la meilleure explication –, l'a amené à construire trois scènes bien délimitées ; dans chacune, fruit de ses talents de metteur en scène, nous assistons à un débat entre un philosophe et un psychiatre ; chacune des scènes ponctue une patiente et rigoureuse avancée en direction de réponses appropriées aux questions liminaires rappelées plus haut. Les protagonistes de la première scène, intitulée « La mélancolie comme effondrement de l'élan vital » sont Bergson et Minkowski. Ceux de la deuxième, intitulée « La mélancolie comme altération de l'être-au-monde », sont Heidegger et Tellenbach. Ceux de la troisième, enfin, intitulée « La mélancolie comme dislocation de la subjectivité », sont Husserl et Binswanger.

L'ordre d'apparition des personnages n'est pas chronologique, on l'aura noté ; s'il l'avait été, l'ordre des scènes deux et trois aurait dû être interverti. On ne saurait s'étonner de cette liberté, tant la notion de progrès est problématique, en dehors de domaines scientifiques ou techniques bien précis. Problématique – les philosophes invités dans l'ouvrage ont assez insisté là-dessus –, la notion l'est également pour la raison que « le nouveau » reste inexplicable sans référence à un fonds de mémoire personnel et social. L'auteur lui-même revient sur ce point et lui consacre de fines réflexions.

La présence de Bergson peut surprendre elle aussi, car si Heidegger, présent également, n'est plus tout à fait phénoménologue, Bergson, lui, ne pouvait pas l'être, pour des raisons évidentes de chronologie. Mais, ayant décidé – et l'on peut juger que ce choix est heureux – de prendre « phénoménologie » en un sens plus large que le sens technique que lui a donné Husserl, notre auteur n'a pas de peine à nous persuader que l'apport de l'auteur de *Les deux sources de la morale et de la religion* abonde en suggestions phénoménologiquement pertinentes.

Il ne peut être question, dans l'espace de cette étude, d'entrer dans le détail de ces trois espaces scéniques et dans les quasi dialogues qui s'y déroulent – on devrait d'ailleurs, étant donné que

« dialogue » désigne trop souvent des échanges peu rigoureux, parler plutôt de *moments dialogiques*, et souligner que c'est à la compétence dialogique de notre auteur que l'on doit ces discussions théoriques serrées au cours desquelles, confrontée à son autre, la pensée de chacun des partenaires en ressort clarifiée, tandis que de leur confrontation résulte un avancement notable de la quête partagée de sens. Comme il n'y a pas de dialogisme sans la présence d'un tiers exigeant – dans les dialogues effectifs, effectivement dialogiques, ce sont les partenaires eux-mêmes qui assument, réflexivement, la fonction de tiers –, l'on observe qu'ici c'est l'auteur qui assume la fonction de tiers. Il ne se pose pas en arbitre, qui se contente de compter les coups et les points ; il endosse le rôle d'un chercheur désireux de s'instruire des arguments échangés et de leur donner le plus de rigueur et de portée possibles, un chercheur qui, par la mémoire qu'il a des divers moments dialogiques, fait avancer l'argumentation en même temps que l'intrigue théorique globale. Oui, ce tiers est un habile metteur en scène. Habile, il ne triche pourtant pas avec ses personnages, dont il connaît bien les œuvres ; non seulement il rend fidèlement leur pensée, mais encore il nous aide, nous lecteurs, à découvrir et à comprendre des concepts d'accès parfois difficile. Toutefois, parce que, tout au long de l'ouvrage, nous avons bien affaire à une intrigue – rien ne l'indique mieux que la mention diverses fois répétée de l'énigme qui la sous-tend : pourquoi les mélancoliques ne se suicident-ils pas plus souvent ? –, Jérôme Porée ne retient, des auteurs présents, que ce qui est strictement indispensable, et à la compréhension de ce que vivent les sujets malades, et à la progression de ladite intrigue. Ajoutons que le tiers qu'il est n'est pas présent seulement dans sa mise en scène et dans sa manière de faire dialoguer ses personnages ; il l'est en intervenant directement après chaque scène, en établissant, au moyen de « remarques critiques » incisives, un bilan dont la fonction est prospective plus encore que rétrospective. Ainsi le lecteur est-il bien accompagné sur le chemin de la résolution de l'énigme, préparé à accueillir les arguments plaidant en sa faveur.

RETRAIT DU MONDE

Comme, redisons-le, la question de l'espérance est, sémantiquement sinon conceptuellement, liée à celle du désespoir et que, dans l'existence du sujet mélancolique tout particulièrement, ces deux affects semblent inversement proportionnels, il convient de commencer par prendre la mesure du poids du désespoir dans l'existence du sujet mélancolique. Ce poids est considérable, puisque le désespoir n'apparaît pas comme un affect parmi d'autres, mais comme l'affect qui efface tous les autres ; ou presque. Avouons pourtant qu'en concentrant ainsi d'emblée notre attention sur le désespoir, nous semblons faire bon marché de l'apport de la première scène, de la première rencontre entre Bergson et Minkowski. Cette manière cavalière de faire s'explique par notre souci d'aller aussi vite que possible au cœur de l'argumentation, là où se joue l'essentiel de la thèse de Jérôme Porée. Notre excuse éventuelle est qu'à diverses occasions nous reviendrons sur certaines indications précieuses de Minkowski. Toutefois, le moins que nous puissions faire, à ce stade de notre présentation, est de citer les titres des quatre paragraphes par lesquels notre auteur résume les traits de la maladie auxquels sa lecture de Bergson – théoricien de l'« élan vital » – a rendu attentif le célèbre médecin – défenseur, quant à lui, du concept d'élan personnel – : « a) La sensibilisation du temps » (p. 89), « b) L'inversion du devenir » (p. 90), « c) L'altération du synchronisme vécu » (p. 91), « d) La modification du rapport entre la mort et le temps » (p. 91).

Soit donc le désespoir. Il nous faut tout d'abord évoquer certains des acquis majeurs de l'observation clinique instruite par l'analyse existentiale de Heidegger. « La mélancolie, c'est une manifestation démesurée de l'humeur » (p. 107). La formule paraît trop succincte pour être satisfaisante, même si elle corrobore une observation ancienne, déjà faite par Platon et Aristote qui reprennent la théorie hippocratique des humeurs, avec l'opposition structurelle de la tristesse et de la joie. Toutefois, l'intérêt d'une telle théorie est ailleurs. Elle nous permet, selon Tellenbach, de ne pas accorder un crédit excessif à une explication exogène de la maladie. On peut comprendre le motif de ce refus : il s'agit, en refusant de voir dans la maladie une « réaction » à un agent pathogène, de ne pas accréditer l'idée, communément associée, que la mélancolie, dans ses formes les plus graves en tout cas, entraîne une série de conséquences interprétables en termes de scission entre sujet et monde, réalité psychique et réalité somatique, nécessité et liberté, hérédité et causalité sociale etc. Reste que l'on ne peut se contenter de la vieille théorie des humeurs, qui ne satisfait qu'à peine à ce que l'on est en droit d'attendre d'une description sérieuse, même non rigoureusement phénoménologique, de ce qui apparaît dans la maladie.

Quelles sont donc les principales manifestations de l'altération du rapport au monde, dans la mélancolie ? La plus évidente, ce sont les perturbations des rythmes à la fois vitaux et sociaux, du sommeil, de l'alimentation, du travail, etc. En référence aux concepts heideggériens de *Da-sein*, d'être-pour-la-mort et de projet, Tellenbach signale d'autres formes d'altération, en particulier quant à la dialectique nécessité-liberté : ne subsiste, dans la représentation de soi du mélancolique, que la nécessité. La destruction de la dialectique en question entraîne l'abolition du sens du possible, l'impossibilité, pour le malade, de se représenter sa vie sous le signe du possible. Dans la mesure où – il s'agit d'un cercle – l'action suppose le possible, qui lui-même se découvre dans l'action, et dans la mesure également où le sens du possible va de pair avec l'affrontement au risque d'échec, le mélancolique s'accroche aux aspects les plus déterminés d'une action, à ce qui, dans un projet, ressemble le plus à un programme rigide. Jérôme Porée résume ainsi l'élément central de l'analyse élaborée par Tellenbach :

> C'est […] l'action que fuit le *Dasein* mélancolique de peur qu'elle n'échoue et n'aggrave sa faute. Sa réclusion en est la conséquence. Mais il exprime ainsi, plus généralement, son retrait du monde entendu comme l'horizon déployé par le projet. C'est dans cet horizon, en effet, que l'action est possible – c'est en lui seulement qu'il peut y avoir, comme le veut l'analyse aristotélicienne de la praxis, délibération, décision et accomplissement. Aussi retrait du monde et repli de l'horizon sont-ils un seul et même phénomène et témoignent-ils ensemble d'une altération du projet, qui reçoit désormais son sens du passé et que rien ne distingue plus d'un programme auquel le malade s'accroche comme à une bouée de sauvetage – sans voir que cette bouée est de plomb et l'entraîne plus rapidement au fond. (P. 122.)

Cette description synthétique laisse deviner l'intensité de la souffrance vécue par le malade. Tellenbach lui-même savait mettre l'accent sur la nature des représentations anxiogènes libérées par la mélancolie lorsqu'il écrivait : « Les éléments menaçants sont devenus certitude catastrophique » (p. 123), tandis que son lecteur, Jérôme Porée, a raison de préciser que l'impression de menaces imminentes ne peut que croître dans un environnement économique et social de sociétés « basées sur la concurrence et la performance » (p. 114). L'échec étant perçu socialement et vécu personnellement, le sujet – même « normal » – se protège autant qu'il peut en s'abritant derrière des procédures, qui sont pour lui comme autant de manières, nécessaires mais insuffisantes, de se protéger contre l'irruption du possible, à savoir l'événement, tout événement étant signe de cette sorte d'« événement absolu » qu'est la maladie (p. 124). Un déménagement, qui est une épreuve pour quiconque, devient, pour le malade, un événement tragique, une rupture insupportable : la maladie s'annonce et éclate souvent à l'occasion de ce genre d'événement, par rapport auquel ce qui n'est plus devient obsédant, au point de ne plus laisser la moindre place au projet, à l'idée que quelque chose pourrait encore être ! À la lumière d'un tel exemple, il apparaît – et Tellenbach et son commentateur le disent avec tout le sens des nuances indispensable – que l'origine de la maladie n'est pas l'événement lui-même – ici, le déménagement –, mais une situation, d'insécurité, en l'occurrence, telle que la vit une personnalité dont le style d'exister est « potentiellement mélancolique » (p. 127).

Dans le cadre de l'analyse de Tellenbach et dans la présentation qu'en donne Jérôme Porée, l'attachement à l'ordre – dont on a dit qu'il est l'une des manifestations les plus frappantes de l'habitus mélancolique – fait l'objet de descriptions fines et éclairantes :

> L'attachement mélancolique à l'ordre se manifeste de façon démesurée dans tous les domaines de la vie quotidienne. L'application au travail, le sens de la hiérarchie, le respect des convenances, la précision des horaires : autant de marques d'un esprit consciencieux que sa moindre faiblesse indispose et dont le plus petit écart aiguise la culpabilité. (P. 128-129.)

Quant au travail, on retiendra cette précision :

> Bien des mélancoliques « ont coutume de tout planifier » et forgent à cette fin des programmes si ambitieux que leur exécution s'avère impossible. C'est donc comme s'ils planifiaient aussi leur échec – la certitude de perdre valant mieux pour eux que l'incertitude de gagner. (P. 130.)

Quant aux relations avec autrui, relevons cette autre notation : le mélancolique n'est pas incapable de *sollicitude*, mais celle-ci n'a pas pour fin les personnes; « elle est mise au service d'un but extérieur et impersonnel : la famille ou, plutôt, l'idée [qu'il] s'en fait et qui a [pour lui] la force d'une norme dont [il] ne peut s'écarter sans risque » (p. 131). Même lorsque, par exception, le mélancolique paraît engagé dans une relation *avec* d'autres, la rencontre, qui ne va pas sans la conscience vigile de la séparation, tend à s'irréaliser : la sympathie fait place à un état fusionnel, autre forme d'excès affectif en guise de réponse à l'insécurité liée à toute rencontre : insécurité non seulement face à l'autre, plus ou moins imprévisible, mais encore face à soi, face à la labilité de ses propres affects. Significatives sont ainsi les réactions d'une patiente lors de la mort de son mari. Elle pleure, non sur son mari mort, « mais sur le dérangement créé par celle-ci » (p. 134).

Les pages consacrées à « l'attachement à l'ordre dans la sphère de la moralité » (p. 136*sq.*) mériteraient d'être citées en entier. Nous devons nous borner à retenir quelques traits saillants de la conduite morale du mélancolique. Le premier de ces traits concerne « l'identification au rôle ». Jérôme Porée résume :

> La personne disparaît dans le personnage. L'excès de sérieux, la hantise de la faute, enfin la certitude de rester, quoi que l'on fasse, en-deçà de la tâche à accomplir, sont les symptômes d'une aliénation plus radicale et plus profonde [...]. (P. 135-136.)

Quelques lignes plus loin, on apprend, sans trop de surprise, qu'incapable de se mettre à distance de soi, le *typus melancholicus* est incapable d'ironiser, tout comme il l'est de faire la différence entre fautes selon leur degré de gravité : la culpabilité en résultant étant la même, l'aveu en doit être le même. Mais s'agit-il bien d'aveu si, comme l'auteur le rappelle plus loin (p. 142*sq.*), cet acte implique une promesse : se conduire mieux qu'on ne l'a fait, donc un rapport à l'avenir, soit cette dimension dont le mélancolique semble condamné à se détourner ? En somme, pour le mélancolique, « son devoir n'est pas de faire le bien, il est de ne pas faire le mal [...]. La vérité est qu'il se trompe de perfection. » (P. 139.) Empruntant à Paul Ricœur la distinction entre *identité-idem* et *identité-ipse*, Jérôme Porée suggère que nombre des traits de l'existence mélancolique relèvent du premier type : le rapport au passé, en particulier, est vécu, non sous le signe de la dette, c'est-à-dire avec l'idée que l'obligation de rendre est ce qui fonde notre responsabilité pour l'avenir, mais sous celui de la faute, tandis que le rapport à soi est vécu sous le signe du ressassement, non sous celui de la fidélité à soi, avec son paradoxe constitutif : écart et maintien.

De ces différents traits, le lecteur pourrait retenir que le sujet mélancolique reste partiellement libre, assez libre en tout cas pour renoncer à exercer pleinement sa liberté. Sans doute a-t-il raison de conclure ainsi. Mais la conclusion ne vaut qu'à propos du *typus melancholicus*, du sujet « potentiellement » mélancolique. Ces traits annoncent certes le basculement, l'altération pathologique prochaine, mais ne le déterminent pas. C'est que de nouveaux traits apparaissent lors du basculement dans la mélancolie, lorsque la transformation la plus notable du vécu du malade concerne sa « sensibilité à la pesanteur des choses » (p. 145).

Peut-on saisir le point de basculement ? Reprenons l'exemple d'un tel moment décisif, donné par Tellenbach :

> Une femme va emménager dans un nouvel appartement. Elle « tient » certes au vieil appartement mais se réjouit d'en avoir un plus beau. [...] Après son déménagement, alors qu'elle est déjà installée dans son nouveau domicile, sa joie fait place à une oppression grandissante [...]. Ni elle ni moi ne trouvons de raison plausible à son état d'oppression pré-mélancolique. [...] Mais lorsque je connais le type d'ordre dans lequel elle s'était installée, je comprends le changement situationnel qui est intervenu. [...] L'obligation de créer un nouvel ordre équivaut à l'exigence existentielle d'ouvrir de nouveaux systèmes de référence, ce qui représente beaucoup pour un type attaché au traditionnel hérité. Il faut pour cela une élasticité que la liberté de ce type ne possède pas. (P. 146.)

LE DÉSESPOIR

Devenu mélancolique, le sujet n'est plus seulement sensible à la pesanteur des choses ; il éprouve une profonde souffrance. Avant cela, il éprouve une grande fatigue, son corps n'étant plus vécu comme « corps propre », comme un « je peux » : « le même corps qui accède, dans l'effort, à la conscience de soi, se réduit dans la souffrance à la conscience de son impuissance » (p. 146). Ce constat ne fait que raviver l'énigme qui suscite l'enquête de Jérôme Porée : comment « expliquer » le fait que, malgré une souffrance quasi insupportable, les mélancoliques, pour la plupart d'entre eux, « choisissent » – sans tout à fait choisir – de rester en vie ? La réponse recherchée dépend en grande partie, aux yeux de notre auteur, de la place que l'on fait, dans l'analyse, à cette forme de souffrance qu'est le désespoir, dont l'intensité, qui égale celle de la culpabilité, peut être considérable. C'est parce que sa recherche s'oriente dans cette direction que, constatant « la faible théorisation de la souffrance » chez Tellenbach, Jérôme Porée décide de prendre quelque distance par rapport à cette œuvre pour s'attacher à l'analyse de la mélancolie développée par Binswanger. Mais, attentif à tenir son lecteur en haleine grâce à une intrigue solide, il nous avertit : « désespoir n'est pas le dernier mot » (p. 155) qu'appelle l'expérience mélancolique. C'est que, encore une fois, si le désespoir n'est pas, n'est plus le même affect que l'angoisse – laquelle, chez Heidegger, correspond à l'indéfini des possibles et à la certitude d'avoir à mourir –, il n'a pas si fréquemment le suicide pour conclusion. S'il est vrai que, dans le désespoir, aucun projet, aucun désir d'avenir n'anime plus la vie du sujet mélancolique, il est également vrai qu'il ne se trouve pas totalement exclu de toute forme de temporalité, tel un sujet catatonique. De là la question des questions qui traverse notre ouvrage : dès lors que l'on ne peut pas se contenter de définir la mélancolie par la neutralisation, voire la disparition de la capacité de se projeter, quelles ressources une analyse en termes d'« être-au-monde » pourrait-elle receler pour comprendre le sens de la mélancolie ? Quel rapport au temps, quelle temporalité pourraient encore résister à l'effondrement de l'avenir et du rapport à l'avenir sanctionné par le projet ?

Question préalable : qu'est-ce qui, dans l'expérience mélancolique, milite en faveur d'un remaniement de la topique quasi phénoménologique reçue de Heidegger ? Jérôme Porée le dit : la souffrance même. Force est en effet d'en prendre acte : s'il vivait comme hors du temps – conclusion à laquelle incline l'idée qu'il est incapable de se projeter –, le sujet mélancolique devrait être indifférent à tout ; y compris à son sort. Or il ne l'est pas, puisqu'il exprime sa souffrance par la *plainte*, qui est peu ou prou une parole *adressée* à un autre. D'autre part, il est un trait de la souffrance « morale » du mélancolique qui devrait nous dissuader de trop attendre, en fait d'intelligibilité, de l'analyse existentiale :

> Le sentiment qui empêche [telle patiente] de vivre, n'est pas celui de sa fin prochaine ; il est celui, au contraire, de quelque chose qui ne se terminera jamais. Le temps du souffrir est un temps sans échéances : il ne promet rien d'autre que la perpétuation de la souffrance. Et cela,

> certes, rapproche la souffrance du désespoir. Mais le moment n'est pas encore venu de les distinguer – de comprendre pourquoi la souffrance, en réalité, *n'est pas* le désespoir. (P. 157-158.)

C'est alors qu'apparaît, sous la plume de notre auteur, l'énoncé qui marque le nouveau départ de l'enquête, plus loin de Heidegger, plus près de Husserl ; comme s'il fallait repartir de l'œuvre de ce dernier, pourtant antérieure, pour réactiver des ressources interprétatives recouvertes par son « héritier », des ressources plus herméneutiques que phénoménologiques. Bel exemple de ce que peut la mémoire : la relecture de Husserl n'est pas, ou pas seulement, affaire de répétition : c'est surtout l'occasion, la chance, pour la pensée, d'effectuer une variation décisive sur le thème husserlien de la temporalité. Voici l'énoncé charnière annoncé (les expressions en italique sont de l'auteur cité) : « Une chose est *l'angoisse d'être au monde*, autre chose – l'expression est de Binswanger, qui l'applique précisément à la mélancolie – *"la souffrance d'être un être-au-monde"*. » (P. 158.)

EFFONDREMENT DU TEMPS DU PROJET

Avec cette allusion à la *mémoire*, nous voici au centre de la troisième des scènes construites par Jérôme Porée, avec, dans les rôles principaux, Husserl, pour la philosophie, Binswanger, pour la psychiatrie. L'enquête prend un cours nouveau avec la déclaration suivante, faite par notre auteur :

> L'altération de la structure transitive du projet fait apparaître la structure intransitive du présent qui lui servait de fondement et qui se trouve désormais réduit à lui-même. (P. 159-160.)

Illustration littéraire de cette situation : Job qui, assis sur son fumier, s'écrie : « Le Seigneur a fermé de toutes parts le sentier que je suivais et je ne puis plus passer ». Et Jérôme Porée de commenter :

> Je ne puis plus me dépasser, je ne puis plus me projeter vers l'avenir comme vers un ensemble de possibilités dont la réalisation dépend de moi : je puis seulement demeurer, sans projet, dans un présent privé de ses horizons. (P. 160.)

Toutefois, le commentateur nous dissuade de prendre l'énoncé de Job à la lettre, hors de son contexte d'énonciation ; celui d'une plainte adressée. Aussi peut-il avancer, à la suite du précédent, cet autre commentaire, où l'interprétation créatrice a la part belle :

> Et pourtant… – et pourtant ce présent n'est pas mort. Dans sa présence « immobile », il y a encore de la vie. Quelqu'un désespérément s'y cherche et n'a donc pas tout à fait renoncé à s'y trouver. Telle est du moins l'hypothèse qu'il faut faire, si l'on veut non seulement penser le mal dont souffre le mélancolique, mais encore résoudre l'énigme que constitue, dans certains cas au moins, sa capacité de se maintenir, en dépit de tout, sur les ruines de sa propre existence. (P. 160.)

Avec la mémoire, comme il a été suggéré, c'est la question de la subjectivité qui se trouve posée ; c'est, plus exactement, la question de l'expérience du temps – le génitif étant ici plus « objectif » que « subjectif » – en tant qu'instituant le sujet même : question tout à la fois plus large et plus précise que celle, heideggérienne, de l'être-jeté, dont le corrélat est le pro-jet (p. 166). On comprend – rétrospectivement, en tout cas – qu'il faille contourner l'analyse heideggérienne, devenue fameuse, et que, pour le faire avec quelque chance de succès, Jérôme Porée entreprenne l'examen de l'apport des *Leçons pour une phénoménologie de la conscience intime du temps*, de Husserl. Il porte son attention sur la notion de « présent vivant », qui elle-même doit beaucoup à la lecture faite par Husserl des *Confessions* de saint Augustin. De ce texte célèbre, on connaît, entre autres morceaux de choix, l'analyse de la conscience d'une mélodie que l'on est en train d'écouter, ou celle d'un propos que l'on est en train d'énoncer. Le problème auquel Husserl se trouve confronté, après saint Augustin, est celui, qui se présente comme un paradoxe, du changement et de la permanence constitutifs, l'un avec l'autre, du flux temporel ; lequel lie, non des instants – discontinus – mais des « maintenant » qui ont chacun une épaisseur relationnelle. Pourquoi, comment est-ce possible ? Pour éclairer ce point, le commentateur de Husserl revient sur le concept d'intentionnalité longitudinale, parent de celui, augustinien, de *distentio animi*, par lequel l'évêque d'Hippone tente de rendre compte du « fait » – de nature transcendantale – que « passé, présent et futur, n'ont de sens que pour une âme capable de mémoire, d'attention et d'attente » (p. 172). Plutôt donc que de parler de passé, de présent et de futur, saint Augustin propose de dire qu'il y a trois temps : « le présent du passé, le présent du présent, le présent de l'avenir » (p. 174). Le rapport entre temporalité et subjectivité apparaît ainsi réciproque. Autrement dit, le temps dont il est question n'est plus le temps physique : Jérôme Porée résume : « le temps est une certaine extension ou, mieux, une certaine "distension", et cette distension est une "distension de l'âme elle-même" » (p. 174).

On doit savoir gré à notre auteur d'apporter de précieux éclairages sur des analyses husserliennes difficiles, qui souvent mettent en œuvre des concepts abstraits et des distinctions qui, bien que destinés à enrichir notre compréhension des « phénomènes », sont rien moins qu'évidents – l'évidence étant précisément ce que l'expérience phénoménologique est censée mettre entre parenthèses. Les distinctions sémantiques les plus courantes, pourvoyeuses d'évidences, sont précisément celles qui font écran à l'intelligence de ce qui fonde le sens des apparences, ou plutôt le sens de leur apparaître véritable. C'est pourquoi le philosophe, et surtout le phénoménologue, doit forger un lexique original. C'est pourquoi aussi le lecteur se sent peu ou prou désemparé puisque ce lexique, à la différence du langage quotidien, n'a pas pour fonction de nous servir dans nos activités courantes, dans notre rapport à un monde considéré, de façon toute utilitaire, comme le milieu de l'entretien de nos vies. La tâche du commentateur était donc particulièrement rude : amener le lecteur à percevoir les enjeux d'une conceptualité qui peut paraître ésotérique, qui en tout cas l'oblige à abandonner des représentations familières. De cette tâche, Jérôme Porée a su s'acquitter au mieux. Aussi nous abstiendrons-nous de « résumer » les pages, pourtant décisives, consacrées à l'analyse husserlienne du temps, des pages destinées à étayer sa propre thèse, relative à ce qui, du temps, est plus originaire que son « triple présent ». De l'interprétation minutieuse et créatrice du commentateur, nous ne retiendrons que les éléments les plus marquants, ceux qui constituent les ressorts principaux de notre intrigue théorique.

Le premier concerne le temps en tant qu'écoulement. Alors que le temps nous apparaît d'ordinaire comme un flux continu – le phénomène de l'habitude ne confirme-t-il pas la pertinence, au moins relative, de cette représentation ? –; alors – pour exprimer les choses de manière plus conceptuelle – que « rétentions » et « protentions » « n'assurent pas seulement la continuité de l'expérience actuelle, mais encore celle de la vie dans son ensemble [...], il en va autrement dans la maladie, où le patient fait, pour ainsi dire, le tour de sa vie [...]. Le temps lui apparaît comme une totalité qui perd pour lui tout attrait et tout mystère. La totalité s'oppose alors à l'infini comme le déterminé à l'indéterminé, l'achevé à l'inachevé, le clos à l'ouvert [...]. Rien n'y apparaît sur le mode du possible et rien, surtout, n'y porte la marque du nouveau» (p. 181).

On pourrait considérer que cette manière de rendre compte de l'apport husserlien à la compréhension phénoménologique de l'expérience du vivre, en tant que vivre temporellement structuré, pourrait tout aussi bien servir à caractériser l'apport heideggérien, si force n'était pas de tenir compte du thème husserlien, aussi énigmatique qu'original, de *« l'impression originaire »*, dans laquelle le père de la phénoménologie voit « le point-source du présent ». Pourquoi invoquer l'existence de cette « impression originaire » sous le présent vivant et le jeu des protentions et des rétentions ? Pour rendre intelligible l'expérience de la nouveauté ; laquelle ne peut pas être imputée à l'activité de la conscience intentionnelle, s'il est vrai que le nouveau arrive, inattendu comme toute *rencontre* véritable. Le nouveau est pour la conscience ; non « au moyen » d'une rencontre, mais « *grâce à* elle ». Cette différence d'expression fait écho à deux modes de conscience, la première réceptive, la seconde plus passive ; en apparence du moins. « En apparence » : il convient en effet de reconnaître que, selon le mode d'exister suggéré par la seconde expression, une certaine forme de passivité est, paradoxalement, la condition de possibilité de la présence à soi du sujet, sinon de son activité ; de la même façon d'ailleurs que la mémoire est la condition de possibilité de l'attente, qui serait angoissante si elle ne recevait pas de la première une certaine orientation. Il s'agit, autrement dit, de rendre compte de la possibilité d'être affecté, sans laquelle nul *événement* ne saurait exister pour une conscience. Comment le faire, sans souligner – en n'hésitant pas à recourir à un langage moins ésotérique que celui forgé par Husserl – que, en tant qu'il est porteur de nouveau, le temps n'est pas une création de l'homme ; que s'il est pour lui, il n'est pas par lui ? C'est ainsi que, après Jérôme Porée, l'on peut être tenté de parler de *« la grâce du temps »* et de préciser que cette grâce est aussi bien celle d'une existence naturellement confiante. *« Confiance »*, ici, ne désigne pas un sentiment particulier mais le mode affectif fondamental de notre présence au monde. Grâce à elle, nous sommes naturellement portés à croire que « notre expérience continuera de se dérouler comme une expérience concordante » (p. 184). Encore une fois, cependant, cette concordance n'est pas le produit d'une quelconque nature des choses, mais le reflet d'une confiance qui est confiance dans *l'événement*, c'est-à-dire dans notre capacité à être affecté mais non détruit par lui. Ce que, *a contrario*, montre le vécu mélancolique, le malade se trouvant « sous la domination d'une loi qui exclut les exceptions [...]. Il lui manque la capacité de se laisser affecter par ce qui advient. » (P. 237.)

Une telle capacité ne dépend d'aucun acte particulier. Il s'agit, nous dit Husserl – proche en cela de Bergson qui, nous est-il rappelé, déclarait : « vivre, c'est se confier à la vie » – d'une « attitude qui persiste tant que la vie suit son cours » (p. 185). Il s'agit, pour reprendre cette fois les termes de Binswanger, d'une « confiance transcendantale » – non psychologique –; confiance proprement fondatrice, qui donc excède toute justification tout en la rendant possible. Or c'est cette confiance qui est perdue, dans la maladie, ou plutôt, pour rester au plus près de ce qu'expriment les mélancoliques, c'est le sentiment de cohérence de la vie, donc la grâce du vivre, qui a comme disparu pour eux. Afin de nous aider à comprendre ce qui se passe, pour le mélancolique, notre auteur use d'une analogie : « la vie, décidément, est comme l'amour, [elle] donne seulement à qui s'abandonne à elle » (p. 185). Que vient faire ici l'amour, se demandera le lecteur, sinon servir d'illustration ? Or Binswanger lui-même s'y réfère, en même temps qu'à la confiance. Et bien qu'amour et confiance soient des affects originaires, il est pour le moins curieux que l'analytique existentiale de Heidegger ne leur accorde aucune place. Il est vrai que la remarque paraît valoir également contre Husserl. Mais Binswanger, et Jérôme Porée à sa suite, réussissent à nous convaincre que l'importance qu'ils reconnaissent à ces affects est compatible avec l'ensemble des analyses du phénoménologue. Pourquoi insister là-dessus ? À la fois pour souligner la nature et l'intensité de la souffrance du mélancolique, et pour rendre plus saillante la solution de l'énigme de ce que l'on peut appeler « la vie maintenue » du mélancolique. Tant en effet que l'on prend la philosophie de Heidegger pour guide de l'interprétation de l'expérience mélancolique, on est certes amené à mettre l'accent sur l'angoisse du malade, mais non sur sa souffrance spécifique, liée à la perte de confiance que l'on a dite. Notre auteur signale fort bien l'enjeu de ce type de notation :

> La mort détermine seule, pour Heidegger, le sens de la temporalité, et opère au cœur du projet comme un véritable *principium individuationis*. Car la confiance, encore une fois, n'a pas pour sujet l'individu

> isolé. Elle n'attache effectivement l'homme à la vie qu'en l'assurant à la fois de la continuité de son expérience et de sa dépendance envers un autre sur qui il puisse compter. Son principe ainsi est non la mort mais l'amour. (P. 212.)

Presque aussitôt après, Jérôme Porée souligne l'importance de l'amour, « l'une des formes fondamentales de la présence humaine », en faisant siennes nombre d'expressions de Binswanger :

> L'existence n'est possible qu'à deux ; elle a pour sujet le « Nous » compris comme l'unité d'un Je et d'un Tu qui ne sont eux-mêmes que sur le fondement de cette unité. Il n'est pas étonnant qu'elle soit portée par la dynamique du donner et du recevoir [...]. L'amour est pour les amants une promesse d'« éternité » ; il nourrit leur confiance ; il aménage dans le vaste monde le « foyer » qui protège leur intimité ; enfin il oppose à l'angoisse du néant un sentiment de « plénitude » qui s'actualise pour chacun dans la joie. (P. 213.)

Notre auteur ne manque pas de relever accords et désaccords entre ce type d'analyse et celle développée par Freud. Ne retenons que ce lumineux commentaire :

> Il n'est guère étonnant que Binswanger, quand il s'éloigne de Heidegger, se rapproche de Freud. Cela ne va pas, certes, sans ambiguïté ni réticence, d'une part parce que l'amour, tel qu'il le conçoit, ignore le manque, d'autre part parce qu'il n'est pas, comme pour Freud, indexé sur la pulsion. « Infinitisation », « éternisation », « élévation » : autant de termes accordés, nous l'avons vu, à ce qu'il tient pour la « surabondance de l'amour ». Non que celle-ci annule la finitude du souci et l'incomplétude du manque. Mais le fini ne se sait que sur fond d'infini ; et le manque, modalité affective de la négation, suppose la prodigalité sans reste d'une affirmation originaire. (P. 217.)

L'accord apparaît clairement avec la citation suivante, de la plume de Freud – qui se réfère à son expérience personnelle – :

> Le deuil aigu après une telle perte s'apaisera ; mais on restera inconsolable, on ne trouvera jamais de substitut. [...] Et au fond c'est bien ainsi. C'est la seule façon de continuer l'amour, auquel on ne veut pas en effet renoncer. (P. 224.)

Néanmoins, à la lumière des trois dernières citations, l'on perçoit la différence entre la douleur du deuil et la souffrance du mélancolique, différence justement soulignée par Jérôme Porée quand il écrit que « la mélancolie est la perte, non d'un objet aimé, mais "de la capacité même d'aimer" » – expression reprise de Freud dans

Deuil et mélancolie (p. 226). L'on comprend mieux également la spécificité de la plainte mélancolique, qui elle non plus n'a pas d'objet, ou qui porte sur n'importe lequel. « Le mélancolique, écrit notre auteur, n'est pas le pessimiste ordinaire » ; et de citer Binswanger : le mélancolique « sait que la perte de l'avenir est déjà réalisée » (p. 226) ; comme la perte du passé, qui n'est plus un ensemble de ressources que l'on pourrait faire fructifier ; comme la perte du présent lui-même. Bref, l'évidence du temps en tant que continuité féconde, du temps de la vie comme source de confiance, fait place, pour le mélancolique à cette seule et tragique évidence : *« l'évidence toujours continuée de l'impossibilité de continuer ainsi »* (p. 229). Binswanger parlait de « dépotentialisation » ; son commentateur parle de « reflux du temps », pour tenter d'exprimer la particularité d'un rapport au temps dans lequel, « absolutisé », le passé « n'est plus lui-même que l'aliment d'un auto-reproche permanent » : le mélancolique est livré à « l'impuissance à asseoir sur le passé son rapport à l'avenir et à regarder celui-ci comme un ensemble de possibilités réelles » (p. 230).

LE CONCEPT HUSSERLIEN DE « PRÉSENT VIVANT »

Tout, à ce moment de l'enquête, paraît avoir été dit. Il semblerait qu'il ne restât plus qu'à conclure, conformément à l'analyse husserlienne du triple présent, qu'avec le reflux du futur et *« l'afflux du passé »*, le présent lui-même s'est effondré, qu'il ne subsiste plus, du présent, que « l'évidence absolue que rien, désormais, ne peut arriver qui ne serait pas la répétition de ce qui un jour est arrivé et fit de l'existence, non la conversion d'un destin en liberté, mais la retombée de la liberté en destin » (p. 234). Or tel est le moment où l'enquête connaît un dernier rebondissement, décisif. C'est le moment où le commentateur devient résolument critique, où il soulève la question de savoir s'il n'y a rien de plus à dire du présent que le fait que se répercute en lui l'absence du jeu des rétentions et des protentions. Ce moment, aussi bien, est celui où il prête la plus grande attention à la parole d'une patiente de Minkowski – suggérant du coup qu'il y a parfois plus dans la parole, même d'un malade, que dans l'explication qu'en donne le savant – : « Je n'ai plus de goût à rien», déplore la malade, «je n'ai plus envie de rien», «je n'existe plus», dit-elle encore; mais elle ajoute : «j'ai la sensation d'être démesurément grosse» ; propos que Tellenbach déjà interprétait comme l'expression de l'impossibilité d'« échapper à soi-même». Dans le droit fil de cette interprétation – parole inspirée d'une autre –, notre auteur formule la critique – au sens kantien du terme – dont, selon lui, dépend le dénouement de toute l'intrigue – née, rappelons-le, de l'intrigante question : pourquoi les mélancoliques ne se suicident-ils pas plus souvent ? L'essentiel de cette critique porte sur le concept de « dépotentialisation», forgé à partir de celui de «potentialité». Ce concept, chez Tellenbach, ne désigne pas des possibilités abstraites, mais les possibilités concrètes qui s'offrent au sujet, des possibilités limitées par le champ des possibles spécifique de l'époque dans laquelle il vit (*cf.* p. 127).

> La notion de dépotentialisation intentionnelle [...] ne peut nous contenter plus longtemps. Elle reste, en effet, une notion négative, qui ne nous permet de penser le mal ni dans sa réalité ni dans son excès. Aussi la souffrance mélancolique nous paraît-elle correspondre plutôt à une emphase pathologique de la présence, dont il s'agit maintenant de comprendre la temporalité propre. (P. 235.)

Cette compréhension plus profonde repose, selon Jérôme Porée, sur la relecture de Husserl ; plus exactement, sur une lecture plus approfondie que celle qu'en faisait Binswanger ; plus audacieuse aussi, dans la mesure où, avec elle, nous nous éloignons de la terre, assez ferme encore, des phénomènes dont le sens est intuitivement accessible. Le lecteur s'en étonnera-t-il ? Ce qui vaut de la mémoire ordinaire vaut de la mémoire la plus savante : elle offre des ressources pour aller plus loin, pourvu que l'on sache creuser assez profond pour les découvrir. Cette fois, nous y étions quelque peu préparés, c'est en direction des indications de Husserl relatives, à la fois, au «présent vivant» et à «l'impression originaire» que nous sommes invités à creuser. Ce dernier concept, notre auteur le met en rapport avec celui de «retentissement», déjà présent chez Minkowski. Il y voit, non la clé, mais – meilleure métaphore, et de portée plus ontologique – la source de la constitution de la subjectivité du sujet comme être dans le temps ; une source jaillissante qui, à la différence du flux héraclitéen, se nourrit de soi-même, si l'on peut dire – tel l'élan bergsonien, commenté dans la première partie de l'ouvrage. Ce jaillissement est celui-là même qui est constitutif du «présent vivant», fait de différences et de répétitions internes, d'« itérations », de « résonances » – termes chers à Husserl. Prenons garde : « répétition » n'est pas « ressassement » ; sauf quand la « différence », autrement dit l'ouverture, fait défaut. Lorsque tel est le cas, en effet, le présent n'est plus que celui, « aliéné », dans lequel est enfermé le mélancolique :

> La structure paradoxale du présent aliéné du mélancolique est précisément celle d'un événement dont l'amplification sans mesure ferme l'existence à tout ce qui n'est pas lui. Elle est celle d'un événement qui, par son retentissement, sature à lui seul le champ de la présence et fait obstacle ainsi à tout nouvel événement. (P. 241.)

On vérifie une fois de plus que notre auteur veut et sait résister à la pente qui, presque irrésistiblement, nous entraîne, comme on vient de le voir, à ne mettre l'accent que sur le négatif de l'expérience mélancolique, le négatif de sa souffrance – on ne peut plus manifeste, assurément. Avec une persévérance remarquable, il interroge :

> Il faut bien, quelle que soit la puissance dévastatrice de la souffrance mélancolique, que cette souffrance ait un sujet et que ce sujet soit une personne – ne serait-ce que pour s'en plaindre. Il s'agit alors de comprendre comment celui qui perd, dans le présent du souffrir, le pouvoir d'être soi, *se "maintient"* néanmoins dans ce présent et s'y maintient précisément *lui-même.* (P. 247.)

Que le mélancolique reste sujet, capable de réflexion même dans l'impossibilité où il se sait d'être soi, de ceci témoigne une autre parole d'un mélancolique : « Je suis et je ne suis pas ». Là encore, cependant, la question se pose, de savoir comment interpréter le propos, de savoir s'il ne faut pas renoncer à l'interprétation la plus évidente – qui en fait équivaut à voir dans le dit un symptôme, celui d'un dédoublement schizophrénique en l'occurrence – pour accéder à une interprétation certes « plus difficile », mais plus féconde.

Sans surprise, on observe que c'est cette seconde voie que Jérôme Porée choisit d'emprunter ; ou plutôt de frayer. Tâche ardue, car, les lecteurs de Husserl le savent, les concepts sont tout autant des obstacles – pour les lecteurs non avertis – que des guides – pour les lecteurs aguerris. Notre auteur fait partie de ces derniers, mais sa présentation des concepts est le fait d'un penseur soucieux d'écrire à l'intention des lecteurs du premier type sans sacrifier l'exigence d'intelligibilité au besoin de clarté. Que de soins ne fallait-il pas nous prodiguer, pour nous accompagner dans la difficile découverte de la théorie husserlienne de l'*« ego pur »* ! Il le fallait pourtant, pour que l'interprétation la plus difficile de la parole citée précédemment – l'interprétation qui y discerne l'indication d'une sorte de dénivellation ontologique entre deux couches de subjectivité – nous parût plausible, pour le moins, convaincante, pour le mieux. Qu'est-ce donc que l'*« ego pur »* ? Conscient de simplifier outrageusement – le commentateur, lui, consacre plus de dix pages à cette topique – disons que cette entité correspond à un postulat destiné à rendre compte du fait, observable, lui, que tout, chez le sujet, n'est pas emporté dans la débâcle temporelle dans laquelle, de toute évidence, il est pris. Si tel devait être le cas, il ne pourrait plus dire « Je suis et je ne suis pas » : la négation l'emporterait sur l'affirmation au point de la faire disparaître. *« Ego pur »* est donc une sorte de méta-concept ajouté aux concepts de « je empirique » et de « je transcendantal » – ce « je » qui correspond au jeu des protentions et des rétentions, au jeu de ces capacités que l'on nomme « mémoire » et « attente », ce « je » enfin qui est capable d'accueillir des « événements » comme des « rencontres » fécondes. Dans la vie « courante », nous est-il dit, les trois « je » sont confondus. Disons, familièrement, que le « je pur », plus encore que le « je transcendantal », se laisse oublier. Or ce n'est pas le cas, dans la maladie :

> [Celle-ci] fait surgir entre eux des différences qui sont vécues comme des discordances et qui vont dans la mélancolie jusqu'à la contradiction qu'exprime la patiente que nous avons citée. Mon existence, qui n'était pas un problème tant que je pouvais poursuivre ma vie dans le monde – homme parmi les hommes, chose parmi les choses – mon existence devient un problème lorsque cette vie a cessé d'être « praticable » et que je me vois contraint, en quelque sorte, de m'en distinguer comme le spectateur de l'acteur sur scène. Je me découvre alors comme ego pur et, qui plus est, comme ego impuissant à venir en aide à l'acteur que je suis aussi et qui ne peut plus continuer. (P. 249-250.)

Avec cette manière de présenter les choses, ne dit-on pas trop peu ? Ne s'expose-t-on pas à l'objection déjà rencontrée, à savoir que l'on accorde trop au négatif ? Mais le difficile, le comble même de la difficulté, n'est-il pas de redécouvrir le positif enfoui sous le négatif sans amoindrir en rien son intensité, extrême dans la souffrance mélancolique ? Jérôme Porée est manifestement aux prises avec cette difficulté. Sans aucunement la dissimuler, il ruse avec elle dans le passage suivant, où il s'agit d'expliquer – ou de comprendre ? – ce qu'il en est de l'épreuve de la « dislocation de la subjectivité » dans la mélancolie :

> [Dans la maladie, le malade éprouve une double impossibilité]. *Impossibilité de ne pas être soi* – comprenons de se fuir, de se divertir, d'échapper à soi – [et] *impossibilité d'être soi.* L'*ego pur* est alors le sujet de cette double impossibilité [...] : d'une part, c'est ce qui reste de la subjectivité qui fait l'épreuve, dans la maladie, de la fin du monde et de l'oubli des autres ; d'autre part, il s'avoue précisément incapable de vivre plus longtemps sans le monde et sans les autres. Il faut prendre au sérieux, à cet égard, l'impossible énonciation *Je ne suis pas* [...]. Cette contradiction exprime, à ce moment, la vérité de l'ego pur. Mesure exacte du risque suicidaire, elle est la propre énonciation de sa détresse. (P. 253.)

Il est clair que l'impuissance semble la caractéristique principale, massive, de l'expérience mélancolique. « Impuissance » est probablement l'un de ces mots que le malade pourrait utiliser spontanément pour parler de soi. Or, témoin, en cela, d'un Soi dont, en tous sens de l'expression, le soi réflexif du patient ne saurait « avoir raison », l'observateur vigilant, bienveillant, s'obstine à entendre dans la plainte plus que le négatif qui, le malade le sait, tout le premier, est au cœur de ses énoncés ; au cœur, plus exactement, de sa plainte, énonciation, parole adressée, parole dont le sens d'acte n'est pas réductible au contenu énoncé. Dans cette mesure, l'observateur – ici, le philosophe dans le rôle de témoin potentiellement universel de notre commune humanité – se tient au côté du thérapeute ; qui lui-même se tient près du patient ; assez près pour entendre dans la plainte de ce dernier, en creux, un appel ; assez proche de lui pour l'aider, lui le patient, le souffrant, à faire plus que se « maintenir » en vie ; assez présent pour être entendu de ce patient et pour l'aider à se convaincre que, indépendamment de toute raison particulière, en l'absence même de toute perspective et de tout projet précis, il a « raison » – à quel autre mot recourir ? – de se fier à la vie et de lui faire confiance, à lui thérapeute. Confiance : premier acte d'ouverture d'un sujet qui, déjà, sans même le savoir, s'ouvrait au monde en confiant sa plainte à cet autre, le thérapeute, sinon à l'autre de l'autre, l'Autre. Mais le thérapeute pourrait-il jamais être entendu si à sa parole ne faisait pas écho une parole inchoative, ressource symbolique ultime ? C'est cette parole que nous donne à entendre une patiente de Minkowski déjà citée : « [Elle] répète sans cesse : "je n'ai pas confiance", "je n'ai goût à rien", "je ne puis plus tenir", mais lâche au milieu de sa déploration, comme malgré elle : "J'espère quand même". » (P. 256.)

C'est cette parole qui sert de transition au dernier chapitre de l'ouvrage, le plus personnel – ce qui n'est pas dire que les précédents ne le soient pas. Redisons-le, en effet : la fécondité dialogique de ces chapitres repose presque entièrement sur la compétence argumentative et interprétative de l'auteur. Le titre de ce chapitre d'une quarantaine de pages, chapitre quasi conclusif, était assez prévisible : « Le temps du projet et le temps de l'espérance ». On y retrouve la trace d'un rythme réflexif récurrent, fait de la complémentarité de la remémoration érudite et de la prospection de possibles théoriques que la remémoration « invente ». En mettant l'accent sur le projet, le titre de ce chapitre nous rappelle l'importance, au sein du courant de la psychiatrie existentielle, de la référence à l'analyse existentiale de Heidegger, dont « projet » est l'un des concepts majeurs. Jérôme Porée aura probablement réussi à convaincre ses lecteurs que, à l'aune du « projet », la vie du sujet mélancolique ne saurait apparaître autrement qu'en négatif. À l'orée du dernier chapitre, face à son titre, le lecteur ne doit-il pas s'attendre à être placé devant une distinction tranchante entre projet et espérance ? Que pourrait-il gagner, en échange de son renoncement à l'usage sémantique qui voudrait que l'espérance ne désignât guère plus que le climat affectif indispensable à la genèse du moindre projet ?

TEMPS DU PROJET, ATTENTE, TEMPS DE L'ESPÉRANCE

Dans ce mouvement de remontée en direction d'un sens fondamental de l'espérance – sens que l'image, pourtant belle, de l'horizon, ne nous suffit pas à atteindre, surtout si cette image est interprétée à partir de la notion d'« horizon d'attente » –, notre auteur se sait en compagnie d'un autre lecteur de Heidegger et de Husserl, Henri Maldiney. Attaché lui aussi à comprendre la maladie à partir des analyses développées par les psychiatres étudiés dans le présent ouvrage, cet auteur a consacré de nombreuses et belles pages aux concepts d'événement, de rencontre et d'ouverture. Il a su, lui aussi, déceler les limites du concept heideggérien de projet et montrer que l'on ne parvient pas à rendre compte de l'expérience temporelle du mélancolique à partir de l'idée de son incapacité à se projeter. De Maldiney, Jérôme Porée retient, en particulier, l'affirmation de l'importance de *l'événement* dans la vie humaine ; l'importance, plus exactement, de la manière dont l'événement est reçu. Citons-le :

> Le caractère “décisif” de l’événement appartient moins […] à l’événement lui-même, qu’à l’“accueil” que lui ménage un être qui s’affirme au même moment comme un “moi personnel” […]. Ainsi accueil de l’événement et avènement du moi personnel ne font qu’un. (P. 264.)

> [Dans cette perspective,] la maladie peut être décrite encore […] comme une altération du projet ; mais elle résulte d’abord de la “récession”, voire de la “disparition” de la passibilité à l’événement : elle sanctionne premièrement une fermeture à l’événement compris comme “ce qu’on n’attendait pas”. (P. 265.)

Si le concept de projet ne suffit pas pour caractériser, en négatif, l’expérience mélancolique du temps, le concept d’horizon d’attente ne conviendrait-il pas mieux ? En réalité, ce dernier ne convient pas, dans la mesure où l’on ne parvient pas à s’empêcher de comprendre « attente » comme une attente « déterminée ». Par contre, ce concept pourrait convenir si, à l’instar de notre auteur, on le comprenait comme *pure attente*. Tel serait l’état mélancolique, plus dynamique que ce que le terme d’état suggère : « Dans la maladie […], le projet est suspendu – reste l’attente » (p. 270). Parce que la suite du propos représente une avancée décisive de la réflexion, nous devons la citer, quelque longue qu’elle soit :

> Cette attente, ne sachant pas ce qu’elle attend, le plus souvent s’ignore elle-même – et l’on pourrait opposer ici, au jour du projet, la nuit de l’attente. Il arrive cependant que celle-ci sorte de sa nuit et accède à la conscience de soi […]. Car ce propos : “donne-toi le temps” [dans la bouche d’un patient qui s’adresse à lui-même et suspend au dernier moment son geste suicidaire] ne signifie pas que celui-ci soit désormais en son pouvoir. Il suppose au contraire le temps lui-même riche de possibilités dont il ne sait rien et qu’il est disposé seulement à recevoir comme une grâce. Certes, on ne peut parler que par métaphore, ici encore, de la grâce du temps. Mais c’est la façon la plus appropriée de caractériser l’avenir tel qu’il apparait dans l’attente, une fois consommée la mort de l’avenir ouvert par le projet. (P. 270-271.)

L’attente, donc. Soit la forme nue de l’espérance. Comprise comme pure attente, l’espérance ne saurait être définie comme l’au-delà du projet, à moins que l’on n’adhère à la croyance que le meilleur résulte du pire. Non, la grâce, telle que notre auteur l’évoque discrètement, n’est pas la grâce d’une espérance qui viendrait en quelque sorte inonder le mélancolique après qu’il a connu l’épouvantable ruine – une véritable disgrâce – de sa capacité de se projeter. Si l’espérance est grâce, c’est parce que le temps est grâce, en tant que temps du vivre enté sur le temps de la vie : grâce d’une passivité fondamentale, en-deçà donc de toute activité. Comment, à la lecture de ces pages ne pas songer, aux belles pages méditatives de Simone Weil sur l'attente de Dieu, ou aux analyses, différentes mais convergentes quant au rapport paradoxal entre force et faiblesse, de Gregory Bateson sur l'importance, chez les Alcooliques Anonymes, du sentiment de n'être pas, par rapport à la drogue, le maître du jeu, donc sur la nécessité, pour eux, de se retirer à temps de la spirale d'un rapport mimétique catastrophique avec l'adversaire – le mauvais autre –, donc, enfin, sur le rôle irremplaçable de l'aveu, par le sujet, qu'il reste toujours alcoolique ? Dans ce chapitre très dense, telles pourtant ne sont pas les références sur lesquelles Jérôme Porée choisit de prendre appui. Dans un contexte culturel où quiconque recourt à des vocables chargés d'histoire(s) comme grâce, espérance et Autre risque de se voir accusé de céder à la tentation de l'apologétique, il préfère – choix judicieux ! – appuyer sa réflexion sur la lecture d'*En attendant Godot*. À propos de l'éclairage que ce récit apporte aux questions qui nous occupent, il écrit :

> Godot ne vient pas et l'on ne peut pas ne pas penser qu'il n'existe pas. Son nom alors serait moins du « Sauveur » attendu que de la vanité de l'idée même de salut. Rien pourtant dans la pièce n'autorise à conclure de la critique de l'illusion religieuse à la ruine de toute espérance. C'est une même chose, certes, qu'attendre et espérer Godot ; et il faut peut-être avouer qu'en attendant Godot, Estragon et Vladimir n'espèrent rien. Mais cela signifie-t-il qu'ils n'espèrent pas ? On peut lire la pièce de Becket comme une mise en scène du désespoir mais autant, et peut-être davantage, comme une mise à nu de l'espérance, comprise comme une forme du temps. (P. 280.)

Selon notre auteur, nous pouvons, dans la musique même, surprendre ce qu'il en est du rapport entre l'espérance « nue » et le temps humain, la première étant en quelque sorte la matrice du second. En réalité, nous ne surprenons rien. Nous sommes surpris, au sens le plus fort du terme. C'est-à-dire que, comme le soulignent Maldiney et Jérôme Porée, nous sommes exposés à l'événement pur. Là encore, rien ne vaut la parole même de l'auteur :

> Si [...] nous demeurons, dans la souffrance, ouverts à des possibilités dont la réalisation ne dépend pas de nous, si donc nous restons, en dépit de tout, exposés à l'événement d'où, peut-être, viendra la délivrance, la musique seule nous fait sentir une telle ouverture et une telle exposition, en se régénérant et en se réinventant à chaque instant. Expérience pure de l'événement en son imprévisible nouveauté, elle nous donne la patience d'attendre et le goût d'espérer. (P. 278-279.)

Jusqu'ici, cependant, le témoignage littéraire et l'expérience de la musique nous ont « seulement » révélé l'existence de l'espérance comme forme. Ce n'est certes pas rien, surtout si l'on songe qu'il s'agit, selon notre auteur, de la forme même du temps – dont Kant, déjà, disait qu'il était, avec l'espace, une forme a priori de notre sensibilité. Peut-on aller plus loin, dans le discernement de ce qui nous autorise à voir dans l'espérance la condition anthropologique de possibilité de l'être dans le temps et – mais il s'agit de la même réalité – de l'être dans le monde ? Parmi toutes les ouvertures de pensée que l'ouvrage nous offre, retenons en deux. La première concerne le rapport à l'espace, auquel nous venons de faire allusion en évoquant la réflexion kantienne sur les deux formes *a priori* de la sensibilité. On imagine mal comment l'une pourrait être sans l'autre. Or, jusqu'ici, il n'a guère été question que du temps. Il nous semble pourtant, à lire attentivement notre ouvrage, que quelque chose de l'espace est dit lorsque l'auteur a recours à l'énigmatique expression de Levinas : « trace de l'autre » et que, inversant la relation apparemment normale de l'interprétant et de l'interprété, il revient à *En attendant Godot* pour souligner le fait que les deux personnages espèrent *ensemble*. Pour faire mieux ressortir l'importance de cette dernière notation, il vaudrait peut-être mieux dire que c'est *ensemble* qu'ils peuvent espérer ; au sein de, dans l'espace privilégié qu'ils forment. Cette notation est d'une telle importance, aux yeux de notre auteur, qu'elle l'amène à voir dans la relation nouée entre nos deux personnages une sorte de paradigme de la relation thérapeutique elle-même, telle du moins que Binswanger la conçoit :

> Binswanger sans ignorer la fonction psychanalytique du transfert [...], propose de lui associer l'idée de "portage", au sens du "portage d'une charge supportée à la fois par le médecin et par le patient", et qui constitue pour eux un "fait nouveau", à savoir leur "communauté de présence". (P. 281-282.)

Au fond, n'est-ce pas cette « communauté de présence » qui tient lieu… d'espace ? N'est-ce pas dans cette réalité « symbolique » que se fondent les formes *a priori*, non seulement de la sensibilité mais encore du sens et de toute vie sensée ?

Mais présence n'est pas fusion. Être-avec, Hannah Arendt l'a souvent souligné, implique séparation, sans laquelle nulle relation ne serait vivable. On sera sans doute tenté de dire que, séparés, les personnages de Becket sont ensemble parce que, comme les amants,

« ils regardent dans la même direction ». Jérôme Porée préfère souligner une autre dimension de l'être-ensemble, une autre condition qui rend l'être-ensemble possible et vivable : la mémoire. Avec ce *« topos » – topos* à un double titre : parce que c'est un « lieu » majeur de la réflexion sur l'identité personnelle, de saint Augustin à Ricœur et à Jérôme Porée, et parce que, traditionnellement, la mémoire a été imaginée, de saint Augustin à Pierre Nora, comme un ensemble d'espaces de forme labyrinthique –, la question de la trace de l'autre prend un nouveau relief. La mémoire est trace de l'autre en un premier sens : « j'ai été *par un autre* avant d'être *pour un autre* » (p. 290) – encore s'agit-il là d'un objet de reconnaissance, plus que de connaissance. Dans cette perspective, l'on peut dire, avec Paul Ricœur, cité par notre auteur : Espérer, c'est, si l'on ose dire, « apercevoir devant soi son enfance et derrière soi sa mort ». Mais la mémoire est trace de l'autre, multiplicité des traces d'une multitude d'autres, en cet autre sens encore, sur lequel Ernst Bloch et Paul Ricœur ont tout particulièrement mis l'accent, comme Jérôme Porée le rappelle au moment où il avance cette belle formule : « Nos meilleures raisons d'espérer sont souvent le trésor caché de notre passé le plus ancien – sans que l'on puisse toujours démêler, dans ce passé, ce qui appartient à l'histoire intérieure de la vie et ce qui dépend de l'héritage des siècles. » (P. 286.)

DE L'ATTESTATION DE L'ESPÉRANCE À SA SYMBOLISATION

La richesse du dernier chapitre de notre ouvrage est de nature à décourager toute recension scrupuleuse. Nous devons nous borner à signaler que s'il est un centre de rayonnement, dans ce chapitre, l'affirmation suivante mérite probablement de l'occuper, par la justification qu'elle donne de la compréhension de la vie comme une promesse :

> [L'essentiel, peut-on lire, est que] cette compréhension implique, dans tous les cas, la relation nouée entre la mémoire et l'espérance, et la place faite en celle-ci à l'existence d'un Autre dont le sens, alors, ne reste pas totalement indéterminé. Quand nous comparons la vie à une promesse, en effet, nous parlons comme si un Autre, dans un passé dont

> nous n'avons pas le souvenir, nous avait permis de regarder l'avenir avec confiance. (P. 289.)

Ce dernier énoncé ne peut servir de résumé terminal, car deux questions restent en suspens. La première est directement suggérée par le texte : qu'en est-il de l'Autre dont il est fait mention, qu'en est-il du rapport entre « autre » et « Autre » ? La seconde n'a pas pu sortir de l'esprit du lecteur : comment, en quoi, ces réflexions sur l'espérance fournissent-elle plus qu'un éclairage, cruel évidemment, sur ce qui fait défaut dans le rapport du malade à la vie ?

Par rapport à la première question, nous devons rappeler – n'y voyons pas un exemple de dénégation ! – que l'entreprise de Jérôme Porée n'a rien d'apologétique. Il sait, et le dit, que rien n'empêche que ses propos ne soient entendus comme des propos théologiques ; ne serait-ce que parce, en accord d'ailleurs avec la conception de la mémoire symbolique qu'il défend, il lui arrive de citer tel ou tel texte biblique – les livres de Job et de l'Ecclésiaste, par exemple. S'il n'encourage aucune lecture de son livre, il n'en interdit non plus aucune. Ce qu'il tient par contre à souligner, c'est que, telle qu'elle se découvre à lui au fil de son exploration, l'espérance est à ses yeux le terme le plus approprié, compte tenu de nos ressources lexicales et symboliques disponibles, pour nommer en le précisant ce que Husserl appelait « impression originaire ».

Il s'agit donc de désigner, plus fondamental que la structure du triple présent et du flux temporel mis à jour par saint Augustin et par Husserl même, un schème qui, si l'on peut dire, permet de comprendre le rapport du temps et de la vie, le temps de la vie, celui de la puissance affirmative du vivre. Que la dialectique de la mémoire et de l'attente s'élargisse au point de devenir dialectique de la *promesse* et de l'espérance, que *l'autre* fasse place à *l'Autre*, serait-ce la marque de l'emprise plus ou moins clandestine de schémas théologiques sur une pensée qui entend se tenir résolument dans le champ de la philosophie ? Encore une fois, la distinction des registres discursifs est, chez notre auteur, au service de la plus grande rigueur épistémologique, non au service d'une hiérarchisation des savoirs. Et s'il devait y avoir certaines homologies ou analogies entre des discours dont le voisinage a longtemps été aussi fécond que difficile, voire houleux, faudrait-il le déplorer lorsqu'on songe, comme notre auteur, à « la crise de symbolisation [qui] relie la crise de l'existence à la crise de la culture » (p. 285) ? Entre, d'un côté, la découverte phénoménologique de la triplicité du temps et de l'antécédence paradoxale de l'espérance et, de l'autre, la vie telle que des sujets peuvent la vivre, *ensemble* autant que possible, place doit être faite aux *ressources symboliques du récit*. Grâce au récit, la forme nue de l'espérance reçoit des contenus, un « remplissement » sémantique. Jérôme Porée, qui, à certain moment (p. 293), s'est autorisé à signaler que son propre travail était de nature à combler l'absence, chez Ricœur, d'une justification phénoménologique de l'espérance, a certainement raison de rappeler ici l'insigne apport de Ricœur : le récit, en tant que synthèse, « jette un pont [...] entre *"le temps de l'âme"* et *"le temps du monde"*, et introduit entre eux les médiations qui font défaut à la relation que figurent les personnages de Becket » (p. 285).

Avec la dernière question, nous nous retrouvons face au défi qu'entendait relever notre auteur : comprendre mieux la souffrance mélancolique, comprendre pourquoi, quelque intense qu'elle soit, cette souffrance ne conduit pas plus souvent le sujet mélancolique à mettre fin à ses jours. Pour l'essentiel, la réponse revient à rappeler l'importance littéralement fondamentale de la « présence », telle que l'enquête nous a permis de la découvrir. Cette importance se révèle, en creux, dans le désespoir, dont notre auteur soutient qu'il est « la même chose que la solitude ». L'identification pourrait sembler forcée, s'il ne s'agissait pas ici de la solitude dans laquelle la mélancolie plonge le sujet, soit « la condition d'un être qui n'attend rien des autres et ne peut donc ni leur faire crédit ni les admettre hors de lui comme un recours » (p. 291).

Il est vrai qu'ainsi nous nous trouvons en état d'appréhender à la fois la cause et la manifestation existentielles du mal ; mais non le remède, si du moins l'on ne se contente pas de la pharmacopée qui généralement sert surtout à bloquer les symptômes du mal. Or, selon notre auteur, le remède est bien « thérapeutique » en dernier ressort. Entendons par là, conformément à l'étymologie, qu'il consiste en un « service », et que ce service est de nature « liturgique », pour reprendre le mot ancien, qui désignait en Grèce les services que les citoyens rendaient à la communauté en assumant tel ou tel office public. Le service le plus fondamental, celui qui est le *telos* de tous les autres, n'est-il pas la *présence*, dont Paul Ricœur rappelait les orientations majeures lorsqu'il définissait l'éthique comme le triple souci d'*être avec et pour les autres dans des institutions justes* ? Ce souci n'a rien de paternaliste. Il a valeur de réponse. Or, et c'est là l'un des points vers lequel convergent toutes les analyses de l'ouvrage, la réponse ne serait pas entendable si celui à qui elle est destinée, le patient, n'était pas à l'origine d'un appel. Il faut le redire, sa plainte est un appel, même lorsqu'elle énonce que nul ne l'entend ni ne peut l'entendre, presque entièrement emmuré dans sa solitude et sa souffrance. Là réside la possibilité ultime, quand tous les possibles paraissent définitivement abolis.

> Au médecin alors, écrit Jérôme Porée, d'incarner l'Autre attendu dans la détresse et de lui donner un visage humain. À lui de susciter une confiance qui est, lorsqu'elle existe, le vrai nom de l'espérance, et fait de celle-ci davantage qu'une forme vide. (P. 294-295.)

Ce pourrait être la conclusion du dernier chapitre, et même de l'ouvrage tout entier. Or l'auteur nous invite à faire un pas supplémentaire en direction, cette fois, du thème de la *gratitude*. Pourquoi ce pas ? Très certainement pour marquer la résonnance, tout à la fois affective et réflexive, de la confiance retrouvée par le sujet, et pour signaler la proximité éthique du malade et du non malade, l'un et l'autre, bien qu'à des degrés dissemblables, confrontés à la double épreuve de la solitude et de leur dénuement, en matière de confiance mutuelle. Après tout, ce que l'auteur dit, en pensant d'abord au patient, ne pourrait-il pas être dit aussi bien de tout sujet ?

> La reprise de la vie par elle-même [...] n'équivaut pas seulement à une réappropriation, elle implique encore une inversion du sens de l'altérité dont le meilleur témoignage est le retour de sentiments dont le malade n'était plus capable et qui tous assurent la promotion d'autrui. C'est le cas au premier chef d'un sentiment de gratitude qui précède, à cet égard, ceux du devoir et de la responsabilité, et où l'on peut voir le signe le plus sûr de la guérison [...]. Celui qui ne savait que se plaindre et attendait tout des autres, est maintenant capable de les plaindre et de leur venir en aide. (P. 295-296.)

Notre propre conclusion ne saurait recouvrir celle de l'auteur. Elle ne peut être que la conclusion, assez simple, d'un lecteur rempli de gratitude pour un auteur qui lui a permis de parcourir des « lieux » qui lui semblaient familiers, mais que ce même auteur lui a fait redécouvrir riches d'harmoniques insoupçonnées ; là où d'ordinaire l'analyse distingue et découpe à l'excès, Jérôme Porée, à l'instar de Paul Ricœur, se préoccupe d'articuler les concepts et les perspectives pour retrouver, autant que possible, plus que les grandes structures de la vie, ses articulations concrètes, et augmenter ainsi notre compréhension de la qualité du vivre. Lorsque le paysage devenait par trop aride, que les concepts semblaient sur le point de devenir un écran plus qu'une aide, alors le lecteur a pu se laisser guider par l'auteur, préoccupé de trouver les analogies éclairantes sans pour autant céder à la tentation du syncrétisme. La langue de Jérôme Porée, riche et précise, est celle d'un pédagogue qui, dans le champ de la réflexion philosophique, assume une fonction analogue à celle du thérapeute dans le champ médical : il ne cherche pas à corriger, encore moins à impressionner par son érudition – on ne peut plus réelle – ; il assiste, ainsi que le fait l'enseignant lorsqu'il se livre à un travail d'intra-traduction – travail dont Ricœur a su rappeler le prix, l'importance pour la compréhension mutuelle. Cette langue, nous avons tenté de le dire avec nos mots et de le suggérer en multipliant les citations, est au service d'une investigation *anthropologique* ambitieuse – alors que l'auteur est tout sauf ambitieux : ne dit-il pas, dans sa *Conclusion*, que les suggestions qu'il nous livre « nous laissent sur le seuil d'une anthropologie dont elles fournissent au mieux les linéaments » (p. 298) ? En réalité, nous ne sommes pas restés sur le seuil, nous avons franchi ce seuil dès l'instant où nous avons accepté de suivre le fil de l'intrigue, une intrique savamment construite.

Osons répéter que, sous la plume de Jérôme Porée, le discours a pour vertu, parmi d'autres, de montrer comment l'on pense. En particulier comment l'on tisse un fil pour en faire un véritable fil d'Ariane, comment on le fait à partir de brins savamment, dialogiquement agencés. Et pour donner un dernier aperçu de la richesse anthropologique de l'ouvrage, il nous reste à signaler plusieurs des thèmes auxquels, dans les limites de cette étude, nous n'avons pu accorder la place qu'ils méritaient. Mentionnons-les, dans le désordre : l'indifférence, la prière, l'amour, la compassion et la sympathie, le repentir et le remords, la culpabilité, la vulnérabilité et l'admiration, le mythe et le récit, etc. Nul doute qu'il ne s'agisse là de plusieurs des mots-clés d'une anthropologie aux dimensions de l'éthique, commune aux sciences humaines, y compris théologiques.

Mais c'est justice que la conclusion revienne à l'auteur. Cette dernière citation se recommandait à notre attention, du fait de sa qualité synthétique :

> Nous n'irions pas à l'avenir si l'avenir ne venait à nous – s'il n'advenait en quelque sorte par la grâce d'un Autre. […] Lorsque s'effondre le projet, demeure l'espérance – quelque paradoxale, encore une fois, que soit cette espérance, et indéterminé le sens de l'altérité impliquée dans

son attente. Elle est comme une prière adressée à un Dieu dont nous ne saurions pas s'il existe et dont nous ignorerions même que nous le prions. La plainte mélancolique, par elle-même, en témoigne – en particulier dans ses formes délirantes. (P. 298.)

VIENT DE PARAÎTRE

André BIRMELÉ (éd.), *Accords et dialogues œcuméniques*, Lyon, Olivétan, 2021, ISBN 978-2-35479-577-1, clé USB.

Le fait d'avoir choisi comme support pour cette publication une clé USB peut surprendre. Il s'imposait pour une raison simple. Cette clé USB permet au lecteur de s'orienter facilement dans cette documentation de plus d'une centaine de textes de référence. Un puissant moteur de recherche permet en effet de trouver rapidement les textes traitant du thème sélectionné et, au sein de chaque texte retenu, les passages abordant la problématique souhaitée. Outre les thèmes classiques en œcuménisme (Église, communion, sacrements, ministères), ces textes abordent des sujets sur lesquels ils proposent des développements bibliques et théologiques (l'interprétation de la Bible, la justification, le règne du Christ, l'évangélisation, la mission, la diaconie, la conjugalité, la liberté, le peuple d'Israël, le rapport à l'État, l'Église dans la société, le rôle de la loi, etc.).

Il fallait faire un choix dans la multitude des documents œcuméniques produits durant ces cinquante dernières années. Celui retenu part des dialogues des familles réformées et luthériennes, au niveau tant continental et international que national. Cette démarche était déjà celle des éditions précédentes (édition papier en 1995 et CD-Rom en 2007). Les textes de ces dernières ont été repris mais corrigés et pourvus de nouvelles introductions. Ils ont surtout été complétés par beaucoup de documents récents dont la plupart n'avaient pas encore été publiés en langue française (par exemple, les textes des dialogues internationaux et européens entre les familles luthériennes et réformées, les dialogues internationaux récents entre luthériens et catholiques ou luthériens et orthodoxes, ou encore le dialogue avec les Églises pentecôtistes ou avec les Églises mennonites).

Pareil choix a évidemment pour conséquence que des dialogues n'impliquant pas directement les familles de la Réforme ne sont pas documentés. Cette lacune peut cependant être comblée. En effet, ces autres textes peuvent être trouvés facilement sur d'autres sites internet. Ceci vaut en particulier pour tous les dialogues menés par l'Église catholique avec, par exemple, les anglicans, les pentecôtistes, les baptistes ou les orthodoxes, tous accessibles en langue française sur le site du Conseil Pontifical pour l'Unité des Chrétiens du Vatican.

Cette publication souhaite fournir des ressources à toutes les personnes intéressées par l'œcuménisme, désireuses de réfléchir ou appelées à intervenir sur ces thèmes. Les documents sont ouverts, et des passages peuvent être copiés sans difficulté.

André Birmelé

Daniel Frey, *La Religion dans la philosophie de Paul Ricœur*, Paris, Hermann, coll. « Philosophie », 2021, 483 pages, ISBN 979-1-0370-1101-5, 35 €.

Paul Ricœur est salué dans le monde entier comme l'un des grands penseurs contemporains de la religion. Les commentateurs ont pris l'habitude de répéter, à sa suite, qu'il a dès le départ maintenu étanche la séparation entre son argumentation philosophique et ses convictions religieuses issues de la Bible. Portant sur toute l'œuvre de Ricœur dans son rapport avec la religion, la présente étude considère plutôt cette étanchéité comme un *point d'arrivée*. Remontant aux origines de la philosophie ricœurienne, elle tente d'y vérifier l'hypothèse selon laquelle Ricœur est parvenu à ce résultat en opérant un important processus de *laïcisation* de certaines de ses convictions religieuses à l'intérieur même de son œuvre philosophique. On rend ainsi compréhensible non seulement l'évolution vers une pensée sans absolu, mais également l'existence de deux types spécifiques de laïcité. L'œuvre strictement philosophique, régie par le *logos philosophique*, relève d'une laïcité d'abstention conforme au devoir de réserve du philosophe professionnel ; elle s'efforce de penser de façon autonome, mais aussi *à partir* de la religion. À côté de cette œuvre principale, le philosophe a produit des textes dévolus plus spécialement à l'interprétation du *logos biblique*, pour penser *la religion* et présenter des convictions susceptibles de nourrir les débats de la société (laïcité de confrontation).

En suivant pas à pas les grands ouvrages de Paul Ricœur, cette enquête philosophique, aboutissement d'une fréquentation assidue de l'œuvre sur près de 25 ans, propose en outre une lecture critique de son approche philosophique du religieux, qui n'a – selon nous – jamais été avancée jusqu'ici. Elle porte essentiellement sur la tendance, chez Ricœur, à laisser impensé le problème de la *vérité* que revendiquent les textes religieux, alors même que le philosophe a cherché (paradoxalement) à *vérifier* leur portée révélante et exploratoire vis-à-vis de la condition humaine. Nous espérons que cette critique enrichira le débat au sein des études ricœuriennes, souvent peu familières des questions relatives à la religion.

Danicl FREY

Christian GRAPPE (éd.), *La Maison de Dieu – Das Haus Gottes. 7. Symposium Strasbourg, Tübingen, Uppsala, 28-30 juin 2017*, Tübingen, Mohr Siebeck, coll. « Wissenschaftliche Untersuchungen zum Neuen Testament » 471, 2021, IX + 425 pages, ISBN 978-3-16-161008-0, 149 €.

Pour la troisième fois, la Faculté de Théologie protestante de l'Université de Strasbourg a eu l'honneur d'accueillir un colloque organisé en commun avec les Facultés sœurs de Tübingen et d'Uppsala. Le thème retenu était, après le Trône, la Main, la Cité, le Repas, le Jour et l'Adversaire de Dieu, la Maison de Dieu. Le présent volume s'emploie à en éclairer différentes facettes essentiellement dans les écrits bibliques et parabibliques, mais aussi chez des auteurs juifs et chrétiens de l'Antiquité et, au-delà, chez les Réformateurs. L'approche est résolument ouverte. C'est ainsi qu'une place est réservée au Coran. Recours est fait notamment, outre à l'exégèse, à l'archéologie, pour aborder le thème, faire apparaître, sur les plans historique et théologique, les interprétations dont il a fait l'objet et montrer les attentes qu'il a suscitées et qu'il continue de faire naître, dans des milieux juifs et chrétiens, jusqu'à nos jours.

Les auteurs et les titres des contributions rédigées en français (5), en allemand (6) et en anglais (5) sont les suivants : Jens Kamla et Wolfgang Oswald, « Der Tempel als Versammlungsort des Gemeinwesens » ; Regine Hunziker-Rodewald, « At the Entryway to the Sacred Space. Exodus 38,8 Reconsidered » ; Göran Eidevall, « Has God Left the Building ? Prophetic Perspectives on Divine (In) accessibility » ; Martin Leuenberger, « "Und es entstand in Šalem seine Hütte" (Ps 76,3). Ps 76 und die Zionstheologie » ; Mikael Larsson, « Trouble in God's Household. Children and Parents in the Frame of Isaiah » ; Alfred Marx, « Le rituel quotidien au temple de Jérusalem à l'époque perse selon le Code sacerdotal » ; Christian Grappe, « La communauté comme "maison de Dieu". Témoignages qumrâniens, intertestamentaires, targumiques et néotestamentaires » ; Cecilia Wassén, « The Connection Between Purity Practices and the Jerusalem Temple (the House of God) Around the Turn of the Area » ; Hermann Lichtenberger, « Haus des Gebets für alle Völker » ; Micheal Tily, « Die Bedeutung der Baumetaphorik für die paulinische Ekklesiologie (1. Kor 3,9-17) » ; Madeleine Wieger, « La "maison de Dieu" chez Philon d'Alexandrie » ; Gabriella Aragione, « La "maison de Dieu" en tant qu'édifice (église). Enquête sur une dénomination rare et controversée dans l'Antiquité chrétienne » ; Volker Henning Drecoll, « Das Haus Gottes in der Deutung Augustins in *De ciuitate dei* 18,45-49 » ; Thierry Legrand, « Les termes qui évoquent la "maison de Dieu" dans le Coran. Quelques réflexions » ; Matthias Morgenstern, « "Bethel" als "Haus Gottes" nach Gen 28,10-22 bei den Reformatoren Wolfgang Musculus und Martin Luther und im spätantiken Midrasch Genesis Rabba » ; Lena Roos, « Building the Third Temple. Jewish and Christian Eschatology in the 21st Century ».

Une introduction met en perspective l'ensemble qui, selon les habitudes de la collection, est complété par d'abondants indices, bilingues (français et allemand), des textes et des auteurs cités ainsi que des thèmes abordés.

Christian GRAPPE

Christophe MONNOT, Frédéric ROGNON (éd.), *La nouvelle théologie verte*. Préface du Patriarche Bartholomée Ier, Genève, Labor et Fides, coll. « Fondations écologiques », 2021, 250 pages, ISBN 978-2-8309-1768-0, 22 €.

Cet ouvrage collectif est issu d'un colloque tenu en février 2020, et dont la première partie des actes est parue dès 2020, chez le même éditeur, sous le titre *Églises et écologie. Une révolution à reculons.* Si ce premier volet privilégiait les contributions d'orientation socio-historiques et ecclésiologiques, le présent volume s'inscrit résolument dans le champ théologique et philosophique. Il réunit des auteurs de différentes générations, depuis les pionniers d'une théologie de la Création (Gérard Siegwalt, Jürgen Moltmann) jusqu'aux plus jeunes promoteurs d'une théologie de l'anthropocène (Damien Delorme, Martin Kopp, Juan Carlos Valverde Campos). Cette mise en commun des acquis de la recherche en écothéologie permet de mesurer les filiations, les lignes de force communes aux différents chercheurs, mais aussi les clivages et les tensions internes à cette « théologie verte » dont le singulier ne devrait pas occulter la pluralité foncière.

Christophe Monnot met au jour les racines historiques de la théologie verte, à travers la figure de Lynn White. Catherine Larrère interroge la nécessité d'une dimension religieuse pour les éthiques environnementales. Damien Delorme analyse la tension fructueuse entre les catégories de « Nature » et de « Création ». Chris Doude van Troostwijk évoque le caractère précurseur de la pensée d'Albert Schweitzer. Frédéric Rognon décline les différents paradoxes de la théologie verte de Jacques Ellul. Jürgen Moltmann éprouve l'écologie théologique à l'aune de sa capacité d'aimer. Otto Schaefer déploie les consonances écologiques de ce motif théologique fondamental qu'est la grâce. Gérard Siegwalt décrypte le sens d'une théologie chrétienne de l'espérance pour une humanité ébranlée dans ses fondements. François Euvé élabore une théologie de la Création à l'âge de l'anthropocène. Martin Kopp reprend cette thématique de l'anthropocène pour interroger le concept décisif d'intendance. Fabien Revol rend compte des logiques à l'œuvre dans l'écologie intégrale de l'encyclique *Laudato si'*. Michel Maxime Egger prône une ouverture au panenthéisme pour réenchanter notre relation à la Création. Juan Carlos Valverde Campos expose les ressorts de l'intuition cosmothéandrique de Raimon Panikkar afin de décaler la perspective par trop européocentrée et proposer une version latino-américaine de l'écospiritualité.

Encadrées par une introduction et une synthèse de Christophe Monnot et Frédéric Rognon, préfacées par le Patriarche Bartholomée 1er, les différentes contributions de ce volume veulent offrir au lecteur quelques ressources et outils substantiels pour penser théologiquement la crise écologique présente et à venir, sous un horizon d'espérance.

Christophe MONNOT
et Frédéric ROGNON

Frédéric ROGNON, *La* « Tribu ». *Une utopie pour sauver la planète ?*, Paris, L'Harmattan, coll. « Logiques sociales », 2021, 254 pages, ISBN 978-2-343-22711-5, 26,50 €.

Les solutions proposées pour relever les défis de la crise écologique varient des plus extrêmes au plus modérées. Entre 1976 et 1994, un groupe de plusieurs centaines de jeunes, inspirés par un Amérindien du Québec, a expérimenté une voie singulièrement radicale sous l'intitulé de *« la Tribu »* : le retour à la vie tribale. Ils ont choisi de vivre dans la forêt, sur un mode itinérant, dormant sous des tentes indiennes, et ont ainsi sillonné toute l'Europe. Des associations antisectes les ont pris pour cible ; eux-mêmes disaient vouloir réaliser une utopie susceptible de sauver la planète. Le présent ouvrage se propose de rendre compte de cette histoire hors du commun. Suivant une méthodologie d'observation participante, d'entretiens avec différents acteurs et d'analyses d'archives de première et de seconde main, il offre au lecteur les principales pièces d'un dossier complexe.

Une première partie reconstitue la trajectoire de la communauté, son origine et ses mutations, mois après mois, sur dix-huit années, jusqu'à l'implosion finale. La deuxième partie décrit le fonctionnement interne du groupe et les différentes dimensions du mode de vie tribale : habitat, alimentation, modes d'autorité, gestion des conflits, sexualité, éducation, expressions artistiques… La troisième partie rend compte du système de représentations et de croyances, et notamment le déploiement de pratiques néo-chamaniques. Les deux parties suivantes décryptent les modalités du rapport de *« la Tribu »* au monde extérieur : les efforts pour construire une légitimité, les tentatives d'entrisme dans des institutions officielles, les relations avec la justice et le combat acharné contre les associations antisectes. Enfin, une dernière partie propose une analyse critique de l'expérience, en interrogeant les catégories de « communauté », de « secte » et d'« utopie ». L'ouvrage est enrichi de quelques cartes qui permettent de suivre l'itinéraire des marcheurs de *« la Tribu »* : de la région parisienne au Maroc espagnol, de la Sicile au Cap Nord.

Plus d'un quart de siècle après la fin de cette épopée, et alors que les catastrophes écologiques s'enchaînent, cette enquête d'ethnohistoire invite le lecteur à questionner le sens de l'engagement, de la radicalité, de la marginalité et du réenchantement du monde.

Frédéric ROGNON

RÉSUMÉS/*ABSTRACTS*

Matthieu ARNOLD, « *Laudatio* du professeur Irene Dingel à l'occasion de son Doctorat *honoris causa* »

Laudatio du professeur Irene Dingel, directrice du *Leibniz-Institut für Europäische Geschichte* (Mayence), prononcée à l'occasion de l'attribution du doctorat *honoris causa* de l'Université de Strasbourg (17 novembre 2021).

Mots-clés : controverse théologique, Églises, Europe, Institut d'Histoire Européenne (Mayence), Irene Dingel, paix religieuse, Réformation.

Matthieu ARNOLD, "Laudatio *for Professor Irene Dingel on the Occasion of the Award of an Honorary Doctorate*"

Laudatio *for Professor Irene Dingel, Director of the Leibniz-Institut für Europäische Geschichte (Mainz), delivered on the occasion of the award of an honorary doctorate by the University of Strasbourg (17 November 2021).*

Keywords: theological controversy, Churches, Europe, Institute for European History (Mainz), Irene Dingel, religious peace, Reformation.

Irene DINGEL, « Réponse à la *laudatio* »

Réponse du professeur Irene Dingel à la *laudatio* prononcée à l'occasion de l'attribution du doctorat *honoris causa* de l'Université de Strasbourg (17 novembre 2021).

Mots-clés : controverse, Europe, Institut d'histoire européenne (Mayence), organisation de la recherche, paix de religion, Réformation, tolérance religieuse.

Irene DINGEL, "*Response to the* Laudatio"

Professor Irene Dingel's response to the laudatio *delivered on the occasion of the award of an honorary doctorate of the University of Strasbourg (17 November 2021).*

Keywords: controversy, Europe, Institute for European History (Mainz), research organization, religious peace, Reformation, religious tolerance.

Théophile MALLO, Annemarie LIENHARD et Marc LIENHARD, « *Wolfaria* d'Eberlin von Günzburg, première utopie protestante ? Les *X*[e] et *XI*[e] *Confédérés* »

Le présent texte, traduit et commenté pour la première fois en français, expose un ensemble de propositions, datées de 1521, pour réformer les institutions sociétales et religieuses ainsi que le vivre ensemble des habitants d'un lieu utopique désigné par le terme « *Wolfaria* ». Le texte s'inspire à la fois de Thomas More et de Luther. Certaines propositions se réaliseront dans les Églises protestantes, d'autres réapparaîtront dans les manifestes de la Guerre des paysans.
Mots clés : Wolfaria, Johann Eberlin von Günzburg, utopie, paysans, nobles, école, mariage, prêtres, fêtes, mort.

Théophile MALLO, Annemarie LIENHARD et Marc LIENHARD, "Wolfaria *by Eberlin von Günzburg, the First Protestant Utopia? The* 10th *and* 11th Confederates"

The present text, translated and commented for the first time in French, sets out a series of proposals, dated 1521, for reforming societal and religious institutions as well as the living together of the inhabitants of a utopian place designated by the term "Wolfaria". *The text is inspired by both Thomas More and Luther. Some of the proposals will be realised in the Protestant churches, others will reappear in the Peasants' War manifestos.*
Keywords: Wolfaria, Johann Eberlin von Günzburg, utopia, peasants, nobles, school, marriage, priests, festivals, death.

Jérôme BORD, « La question de la rationalité chez Søren Kierkegaard »

La présente étude vise à défendre une certaine conception de la rationalité dans l'œuvre de Kierkegaard, qui a trop souvent été considérée comme un exemple d'irrationalisme ou encore de fidéisme. Nous tâcherons donc ici de comprendre ce à quoi renvoie le terme « raison » chez le Danois, « raison » qui doit être, écrit-il, « crucifiée » dans la foi. Ainsi pourrons-nous prendre la mesure de la rationalité chrétienne dans l'œuvre de Kierkegaard – imprudente parce qu'essentiellement prudente.
Mots clés : Kierkegaard, raison, foi, christianisme, irrationalisme, fidéisme.

Jérôme BORD, *"The Question of Rationality in Søren Kierkegaard"*

This study defends a particular conception of rationality in Kierkegaard's work, which has too often been considered as an example

of irrationalism or even fideism. We investigate what the term "reason" refers to in Kierkegaard's work, a "reason" which must be, as he writes, "crucified" in faith. In this way, we map the specifically Christian rationality in Kierkegaard's work – imprudent because it is essentially prudent.
Keywords: Kierkegaard, reason, faith, Christianity, irrationalism, fideism.

Gilbert VINCENT, « Étude critique. L'espérance mélancolique »

L'approche de Jérôme Porée met résolument l'accent sur l'expérience des patients souffrant de mélancolie, tout particulièrement donc sur leur rapport au temps et, par contraste, sur celui des sujets dits normaux. Or si la dimension du projet a largement disparu, laissant place au désespoir, voire à la décision de mourir, reste, plus profond que la mémoire, un appel à vivre qui sourd de la vie même, appel ici nommé « espérance ».
Mots clés : espérance, mélancolie, temporalisation, projet, suicide, Porée, Bergson, Heidegger, Husserl, Binswanger, Tellenbach.

Gilbert VINCENT, *"Critical Study. Melancholic Hope"*

Jérôme Porée's approach resolutely emphasises the experience of patients suffering from melancholia, particularly their relationship with time and, by way of contrast, the relationship with time in so-called normal subjects. Although the dimension of the project has largely disappeared, giving way to despair, or even to the decision to die, there remains, deeper than memory, a call to live that emerges from life itself, a call here called "hope".
Keywords: hope, melancholy, temporalisation, project, suicide, Porée, Bergson, Heidegger, Husserl, Binswanger, Tellenbach.

Travaux de la Faculté de théologie protestante de Strasbourg

Collection dirigée
par Annie NOBLESSE-ROCHER et Daniel FREY

DERNIERS VOLUMES PARUS

13. Matthieu ARNOLD, Christian KRIEGER (éd.), *Chrétiens et Églises face au nazisme (1933-1945) : entre adhésion et résistance*, 2005.
14. Frédéric ROGNON (éd.), *École et laïcité : modèles et controverses. La laïcité scolaire en débat*, 2009.
15. Isabelle GRELLIER, Alain ROY (dir.), *Églises aux marges, Église en marche. Vers de nouvelles modalités d'Église*, 2011.
16. *Le Décalogue. Perspectives exégétiques, historiques et éthiques*. Textes réunis par Matthieu ARNOLD et Jean-Marc PRIEUR (†), avec la collaboration de Christian KRIEGER, 2014.
17. Matthieu ARNOLD (dir.), *Albert Schweitzer et le respect de la vie*, 2018.
18. Isabelle GRELLIER, Alain ROY, Anne-Laure ZWILLING (dir.), *Les Églises face aux évolutions contemporaines de la conjugalité*, 2018.

VIENT DE PARAITRE

19. Gilbert DAHAN, Annie NOBLESSE et Matthieu ARNOLD (dir.), *La Bible en scène. Bible, théâtre et Réforme au XVIe siècle*, 2021.

Association des Publications de la
Faculté de théologie protestante de Strasbourg
Diffusion : Librairie Oberlin
22 rue de la Division Leclerc – F-67000 STRASBOURG

ADRESSES PROFESSIONNELLES DES AUTEURS

Matthieu ARNOLD
Université de Strasbourg
Faculté de Théologie Protestante
(UR 4378)
9 place de l'Université
F-67084 Strasbourg cedex

Irene DINGEL
Leibniz-Institut für Europäische Geschichte
Alte Universitätsstrasse 19
D – 55116 Mainz

Théophile MALLO
Agrégé d'allemand
8 rue Schulmeister
F-67100 Strasbourg

Annemarie LIENHARD
Professeure de musique à la retraite
Ancienne enseignante à l'école d'orgue des Églises protestantes d'Alsace et de Lorraine,
7 rue de Verdun,
F-67000 Strasbourg

Marc LIENHARD
Université de Strasbourg
Faculté de Théologie Protestante
(UR 4378)
9 place de l'Université
F-67084 Strasbourg cedex

Jérôme BORD
Doctorant contractuel (UR 4378)
Université de Strasbourg
École Doctorale de Théologie et Sciences Religieuses (ED 270)
9 place de l'Université
F-67084 Strasbourg cedex
jerome.bord@etu.unistra.fr

Gilbert VINCENT
Université de Strasbourg
Faculté de Théologie Protestante
(UR 4378)
9 place de l'Université
F-67084 Strasbourg cedex

INSTRUCTIONS AUX AUTEURS

1. Les manuscrits seront adressés au Rédacteur en chef (grappe@unistra.fr) sous forme de fichier électronique au format Word (DOC ou DOCX).

Le tapuscrit se limite ordinairement à 60 000 caractères (espaces et notes comprises).

L'ensemble titre + sous-titre ne doit en aucun cas excéder 90 signes (espaces comprises).

L'auteur mentionne, sous le titre, son ou ses prénoms et son nom (en caractères minuscules), ainsi que ses adresses institutionnelle et postale.

Chaque article est accompagné d'un résumé (limité à 500 signes, espaces comprises) et de 5 à 10 mots-clés de référencement.

2. Les règles de présentation suivantes sont à respecter :

Le tapuscrit est saisi en police Times New Roman (corps 12 pour le texte ; corps 10 pour les citations ; corps 9 pour les notes de bas de page ; interligne simple). Si leur usage ne peut être évité, les polices spéciales (langues rares, etc.) seront jointes au message.

L'article peut comporter jusqu'à quatre niveaux d'intertitre, clairement hiérarchisés.

Le texte n'est pas mis en page. Les lignes sont justifiées, sans coupure de mots.

Le début des alinéas est marqué par un renfoncement (ne pas utiliser de tabulation, mais le menu Format>Paragraphe>Retrait>De 1re ligne>Positif : 0,8 cm).

Les mots en langue étrangère sont composés en italique.

Les citations distinguées du texte sont précédées et suivies d'un saut de ligne. Elles sont saisies sans guillemets, en romain si elles sont en français ou en italique si elles sont en langue étrangère (la traduction française est donnée à la suite en romain entre guillemets).

La taille d'un tableau ne peut excéder l'espace utile d'une page (11 cm de large × 17 cm de haut, ou 17 cm de large × 11 cm de haut en mode paysage).

Les majuscules sont accentuées et les lettres entrelacées sont soudées (æ, œ, Æ, Œ).

Les ordinaux sont abrégés de cette manière : 1er, 1re, 2e, 3e, etc.

Les siècles sont composés en chiffres romains et en petites capitales (xvie siècle).

Les références bibliques suivent les usages de la *Traduction Œcuménique de la Bible.*

3. Les notes figurent en bas de page et sont numérotées de 1 à n de façon continue.

L'appel de note est placé après le mot concerné sans espace, et avant la ponctuation ou le guillemet fermant.

Chaque note doit former un seul paragraphe (utiliser un tiret demi-cadratin – pour séparer différents sujets).

Les références internes à compléter après mise en pages sont signalées par ###.

Les abréviations usuelles sont utilisées : *cf.* ; chap. (chapitre[s]) ; col. (colonne[s]) ; f. (feuillet[s]) ; fig. (figure[s]) ; f° (folio[s]) ; *ibid.* (même titre, même page) ; *ibid.*, p. (même titre, autre page) ; *id.* ; l. (ligne[s]) ; n. (note[s]) ; *op. cit.* ; p. (page[s]) ; § ; r° (recto) ; *sq.*/*sqq.* (suivante[s]) ; v. (verset[s]) ; v° (verso) ; vol. (volume[s]).

4. Les normes pour les références bibliographiques sont les suivantes :

À la suite des citations et dans les notes, les références bibliographiques sont données sous forme abrégée : Nom de l'auteur, année, pagination.

(Wendel, 1950, p. 25-30.)

À la fin de l'article, les références bibliographiques sont citées par ordre alphabétique sous la rubrique Bibliographie, selon le modèle suivant : Nom de l'auteur (en petites capitales), prénom, titre et références complètes de la contribution.

Monographie : *titre et sous-titre de l'ouvrage*, lieu d'édition, éditeur, coll. + « collection », année (le cas échéant, année de la publication originale).

Merleau-Ponty, Maurice, *Phénoménologie de la perception*, Paris, Gallimard, coll. « Tel », 2006 (1re éd., 1945).

Contribution à un collectif : « titre », *titre du collectif*, éd. + nom des éditeurs scientifiques, lieu d'édition, éditeur, coll. + « collection », année, pagination.

Caquot, André, « Jubilés », *La Bible. Écrits intertestamentaires*, éd. André Dupont-Sommer et Marc Philonenko, Paris, Gallimard, coll. « Bibliothèque de la Pléiade » 337, 1987, p. 627-810.

Article de revue : « titre », *titre de la revue* tome/fascicule, année, pagination.

Rott, Jean, « Magistrat et Réforme à Strasbourg », *Revue d'Histoire et de Philosophie Religieuses* 54/1, 1974, p. 103-114.

Une version plus développée est disponible sur le site Internet de la Revue : https://www.rhpr.fr/pdf/instructions_cg.pdf.

IMPRIM'VERT®

Achevé d'imprimer par Corlet,
Condé-en-Normandie (Calvados),
en Février 2022
N° d'impression : 175023 - dépôt légal : Février 2022
Imprimé en France

CLASSIQUES
GARNIER

Bulletin d'abonnement revue 2022

Revue d'histoire et de philosophie religieuses

4 numéros par an

M., Mme :

Adresse :

Code postal : Ville :

Pays :

Téléphone : Fax :

Courriel :

Prix TTC abonnement France, frais de port inclus		Prix HT abonnement étranger, frais de port inclus	
Particulier	Institution	Particulier	Institution
40 €	60 €	49 €	71 €

Cet abonnement concerne les parutions papier du 1er janvier 2022 au 31 décembre 2022.

Les numéros parus avant le 1er janvier 2022 sont disponibles à l'unité (hors abonnement) sur notre site web.

Modalités de règlement (en euros) :

- Par carte bancaire sur notre site web : www.classiques-garnier.com
- Par virement bancaire sur le compte :
  Banque : Société Générale – BIC : SOGEFRPP
  IBAN : FR 76 3000 3018 7700 0208 3910 870
  RIB : 30003 01877 00020839108 70
- Par chèque à l'ordre de Classiques Garnier

Contact :

Classiques Garnier
6, rue de la Sorbonne – 75005 Paris – France
Fax : + 33 1 43 54 00 44
Courriel : revues@classiques-garnier.com

mis à jour le 26/08/2021

Abonnez-vous sur notre site web :
www.classiques-garnier.com